好教育探索丛书

丛书主编 王本陆 钱江

好教师

从哪里来

郭华 著

教育科学出版社

·北京·

本书写作过程中，得到了黄一敏、刘建文、钱春蕾等同志的支持与帮助，特此表示感谢！

好教育探索丛书编委会

序 一

当前，我国的教育还面临两大任务：一是促进教育公平，二是提高教育质量。其实这还是一个问题的两个方面，主要是教育质量的不均衡导致教育的不公平。要从根本上解决教育不公，就要以人为本，通过教育体制改革，通过教育教学创新来实现。

我经常想说一句话：教育的发展在于改革，教育的改革在于创新，教育的创新在于学习。教育创新不是胡思乱想，而是要通过学习党的方针政策，提高政策水平；通过学习教育理论，掌握教育规律；通过学习文化科学，提高自身素养和品位；通过在教育实践中学习，不断提高教书育人的能力。近年来，我国中小学和幼儿园在教育实践创新方面做出了诸多努力，特别是在关注儿童发展方面，通过教育实践与前沿的教育理论相结合，取得了一些成果，为我们办"好教育"，提供了有益的经验。

所谓"好教育"，就是要为学生的身心健康发展打好基础，这是基础的基础。要做到这一点，需要研究孩子，为孩子提供适合的教育。这需要从课程入手，在课改的大背景下，做好国家、地区、学校的三层课程体系建设。要注意因材施教，每个儿童的天赋、爱好、特长都不一样，有的逻辑思维强，喜欢数理化，有的形象思维好，喜欢文学艺术，要在国家课程标准要求下，开设多种课程，供不同类型的学生选择。我认为能给每一个学生提供最适合的教育，使每一个学生的潜能都能够充分发展，使每一个学生都能够健康成长，就是最好的教育。

所谓"好教育"，就是要为学生打好继续学习的基础，这是基础教育的第二个任务。这不仅是为了让学生升入高一级的学校，而且是要培养他们自学的能力，使其有终身学习的意识和能力，将来离开学校以后还会继续学习、终身学习。在建设学习型社会的今天，需要教育界改革创新，通过先进教育技术的运用，来构建一个无处不在、随时可能的学习空间，为孩子的学习和发展提供平台。这就需要有好的师资队伍，改革教学方式，通过学习方式的改革来达到这一目标。

所谓"好教育"，就是要为学生打好走向社会的基础，这是基础教育的重要工作。要培养学生对社会的责任心、对国家的责任心和对家庭的责任心，以及对自己的责任心。培养他们有爱心，有诚信。这需要坚持立德树人，把社会主义核心价值体系贯串在学校教育的全过程。特别是面对独生子女，要加强集体主义教育，使学生能够互相尊重、互相帮助、和谐相处。要以德育理论为指导，探讨当代学校道德教育的特点，创新思想品德教育新方式。要构建新的班集体建设理论，让独生子女在班集体中打好走上社会的基础。

近年来，无锡市滨湖区教育局和北京师范大学教育学部课程与教学研究院通力合作，在前期出版丛书"学校交响曲"之后，再次推出"好教育探索丛书"，由长期从事教育学原理、课程与教学论、教育社会学等教育基本理论研究的专家学者牵头，系统总结、分析无锡滨湖区域教育现代化改革探索过程中积累的经验。这套丛书从课程建设、教师专业发展、教育制度建设、班集体建设、教育技术应用等方面进行了全面的分析和反思，应该说是一套从实践而来，又有理论分析，最终又回归一线实践指导的书，对国内其他地区的教育探索也具有一定的参考价值。

我们要办"好教育"，需要不断改革创新，更需要教育理论与教育实践相结合，北京师范大学教育学部课程与教学研究院和无锡市滨湖区教育局在这一方面做出了很好的示范。让教育回归"人的发展"这个原点，真正促进人的发展，不是一句简单的空话。我相信，在他们的努力下，我们会越来越接近这个原点。作为无锡人，我衷心地为他们取得的成绩欣喜，祝愿他们继续有更多更好的成果与全国同行分享。

2014 年 2 月

序 二

　　滨湖区位于无锡市的西南部，区内山水相依，风光秀丽，人文荟萃，名胜众多，不仅是吴文化和近代民族工商业的发源地，也是全国乡镇工业的发祥地，还是无锡新的城市核心区，尊师重教蔚然成风。我和滨湖结缘于由江苏省教育厅主办、滨湖区人民政府承办的三届江苏省初中教育论坛。论坛举办得很成功，既展现了滨湖教育人的策划与组织能力，更凸显了滨湖教育优质、均衡、协调发展的水平。因工作原因，我曾多次到滨湖考察学校，观摩教学活动，滨湖教育给我留下了深刻而美好的印象。近年来，滨湖区坚持教育优先发展，构建了快乐健康的学前教育、优质均衡的义务教育、开放多样的高中教育、人性闪烁的特殊教育体系，在办好让人民满意的基础教育的道路上迈出了扎实的步伐，走在了全省的前列。

　　办好让人民满意的基础教育是政府的重要职责之一。人民满意的基础教育的目标导向就是举办好每一所学校、教育好每一名学生、成就好每一名教师和发展好每一名校长，要实现这些"好"需要转变教育发展方式、人才培养模式、教师专业成长范式和校长管理服务方式。

　　美国思想家梭罗认为"好学校是一方池塘"，是学习的乐园、创造的天堂。所以好学校定是吹拂着自由之风、涌动着创新之情、洋溢着快乐之感的，通过配好、管好、用好现代化的教育技术装备，打造充满着爱、洋溢着情、体现着乐的课堂，营造出"名师出高徒、兴趣出高分、激励出高兴"的良好氛围。

　　培养和塑造好学生的关键是转变人才培养模式，核心是改革传承性学习，坚持因材施教、学思结合、知行统一，以德育为先，引领学生走向高尚，使其成为"对社会有更大贡献的自己"；以能力为重，引领学生走向聪明，开发适切学生的可选择的课程，既要"学会"，更要"会学"；以"挖潜"为要，引领学生走向富有，实现"知"、"情"、

"意"的内在统一。这就需要我们的教育重视学校最关键的管理"细胞"——班集体的建设，为学生创设在集体里成长，在集体里走向高尚、聪明、富有的良好的心理氛围。

当然，良好的班集体建设依赖于其背后良好的教师团队。所以，培养好教师是一所学校、一个区域教育内涵提升的关键。于漪老师曾说："教师是在讲台上用生命歌唱，一个人一旦选择了这个职业，就同时选择了高尚。今天的教育就是明天的国民素质。教师一个肩膀挑着学生的现在，一个肩膀挑着祖国的未来。"因此，成就好教师的前提是"责任"，关键是"智慧"，核心是"爱心"。好教师是善于把握教育规律，深谙教学之道的，这些都需要一个区域制定切实可行的制度，以机制作为保障，改革创新，任人唯贤，岗位实践，有效教研，"一专多能"，积极构建以法律为核心的刚性规范管理体系、以经济为核心的中性规范管理体系和以道德为核心的柔性规范管理体系，让每一个教师、每一位校长、每一所学校都有追求，都追求更美好的"梦"。

好学校、好教师、好课程、好学生、好制度、好技术……既是教育人孜孜不倦的追求，更是教育的实践价值所在。对上面这几个"好"，无锡市滨湖区教育工作者不仅有深刻的理性思考，还有生动的有益探索。"好教育探索丛书"是由北京师范大学教育学部课程与教学研究院院长王本陆先生和他的团队在深入滨湖区教育局和学校，广泛收集第一手资料的基础上主编的一套丛书，其研究领域涉及教育学原理、课程与教学论、教育社会学等。丛书立体、全面、细致地从课程建设、教师专业发展、教育制度建设、班集体建设、教育技术应用等方面，生动展示和系统分析总结了无锡市滨湖区域教育现代化改革探索过程中积累的宝贵经验，是一套高位理论分析与典型实践探索相结合的图书。

习近平总书记强调"我们的人民期盼有更好的教育"、"中国梦的实质是让人民共享人生出彩的机会"。江苏省省委、省政府提出要坚持"两个率先"，谱写中国梦的江苏美好篇章，使发展更科学、结构更优化、文化更繁荣、生态更文明、人民更幸福。谱写中国梦江苏美好篇章的前提是必须谱写好中国教育梦江苏教育的美好篇章，做到有教无类、因材施教、人人成才、终身学习。我省基础教育正面对"坐大盼强"的特殊省情，正处在"由大变强"的特殊阶段，正践行"既大又强"的特殊要求，实现人人有学上、提高巩固率，人人上好学、提高优质率，人人都上学、提高保障率。应当清醒地看到，我省基础教育正面对在高普及率基础上保持高巩固率这一难度极大的现实，正破解在高投入基础上保持高增幅这一约束极多的矛盾，正实现在高期待基础上保持高满意度这一要求极高的目标。因此，必须以党的十八大精神和党的十八届三中全会通过的《中共中央关于全面深化改革若干重大问题的决定》为指导，自觉从"面向现代化"走向"建设现代化"，从"面向未来"走向"引领未来"，从"面向世界"走向"融入世界"。这些，都需要基层教育行政部门以改革统揽全局、用创新推动发展、靠实干成就事业，滨湖教育的生动实践和先行先试的探索已经做出了示范。这五本图书，既是对近年来无锡滨湖区域教育现代化探索的实践总结，也是对区域教育改革的理论梳理与系统分析，站位高远，切合实际，相信对推进新一轮基础教育改革具有重要的参考价值与实际指导意义。这套丛书的出版，既体现了滨湖教育人办"好教育"的勇气与底气，也是对滨湖区城市化进程中区域教育发展全过程各个剖面真实而生动的记载，必将对滨湖教育的发展起到继往开来的作用，对其他地区的教育发展产生有价值的借鉴作用。

胡金波

2014 年 2 月

好教师：从哪里来？

002

"教师专业发展" 这回事

虽有嘉肴，弗食，不知其旨也；虽有至道，弗学，不知其善也。是故学然后知不足，教然后知困。知不足，然后能自反也；知困，然后能自强也。故曰：教学相长也。

——《礼记·学记》

学会教学——正如教学本身一样——是一种过程……在此期间，一个人做了什么，他就能够学到什么。①

——D. Britzman

教育是人类最古老的责任，教师却并不是一个特别古老的职业。教师的专业发展，则更是一个新鲜的话题。

一、教师作为一种职业

教育很早就有，几乎与人类的诞生一样早。当然，那时的教育与我们现在所熟知的专门教育并不相同，它只是父母（长辈）在生产生活中对子女（晚辈）所进行的经验传递或训诫，广而言之，就是有经验的人对经验尚缺乏的人所进行的经验传递或训诫。那些承担教育职责的人，便可看作

① MCLNTYRE, O'HAIR. 教师角色 [M]. 丁怡，马玲，等，译. 北京：中国轻工业出版社，2002：1.

今天所说的教师。这时，承担教师职责的人，几乎都是自然形成的，并不需要特别的训练。

教师作为一种相对专门的人员出现，是在有了大量的剩余产品，并且文字已经产生以后。例如西方的"教仆"、"僧侣"（所谓"学在教会"），中国的"博士"、"祭酒"、"典学"（所谓"学在官府"、"以吏为师"），便可看作最早的相对专门的教师。但是，即使在这个阶段，教师也并没有成为一种专门职业，如西方的"僧侣"，中国的"吏"；那些专门从事教师职业的人员，一则本身并不是自愿（如西方的"教仆"、中国的"孩子王"），二则教师并不被重视，所谓"家有五斗粮，不当孩子王"。因此，这时的教师，并无专门的训练，也无需专门的训练。一方面，只有极少数的人能够接受专门的教育，因而并不需要大量的教师，而那些承担教师职责的少数人，本身是社会上最有知识的人，无需训练，也没人能来训练他们；另一方面，正因为接受教育的人员少之又少，因而几乎可以实现一位教师对一位学生或几位学生的情况，教师有充足的时间和精力据学生的情况进行个别教育。这时所谓的"名师"，并不是因为具有教师的独特才能，而是因为有比别人足够多的知识以及足够高的水平，"名师"实则是"名思想家"、"名哲学家"、"名文化人"；所谓的"名师出高徒"，是因为学生可以从名师那里学到比别人更多的知识，获得不一样的思考角度。

教师真正成为职业，在人类历史长河中，是非常晚近的事，距今不到400年，是伴随着大机器生产才出现的。大机器生产的出现，需要有大量的劳动力在进入工厂劳动前先接受教育，因而出现了为满足学生未来工作需求的有关科学知识学习的学科课程、为满足大规模教学的班级授课制以及讲授法。即便有了这样的设置，也由于要受教育的人数众多而需要大量的教师。这时，教师便不再是社会上少数知识分子的职责，而是成为一种专门的职业。这样就必须使得大量的普通人，能够通过适当的教育和培训去担当教师的职责，并能够应对大规模的教学。在这样的背景下，专门用于教师培训的师范教育应运而生。

二、师范教育的出现

"从世界范围看，师范教育于 17 世纪末最早出现在法国。……1681 年，法国'基督教兄弟会'神甫拉萨尔（La Salle）于兰斯（Rheims）创立了世界上第一所师资培训学校……1695 年，德国佛兰克（A. H. Francke）与哈勒（Halle）创设教员养成所。之后，奥地利、德国开始出现短期师资训练机构。这些短期师资训练机构，奥地利称为'师范学校'（normalschule），德国称'教师进修班'（lehrerseminar）。它们大都是非独立性机构，设在模范中学里，为教师或候补教师准备几周或几个月的短期课程，因为它有教学法课程而被称做'师范学校'。"① 之后，由于裴斯泰洛齐、赫尔巴特、斯宾塞等人大力推进"教育科学化"和"教育心理学化"的进程，教育理论渐成体系，使得教育真正成为一种自觉干预学生发展的活动，也为教师职业训练提供了理论基础。"在这个基础上，欧洲、北美各国相继出现了师范学校。1765 年德国首创公立师范学校。1795 年法国巴黎师范学校建立。……到 18 世纪末、19 世纪初，许多国家在陆续颁布义务教育法令的同时或稍后，也颁布了师范教育的法规，包括中等师范学校的设置、师资的训练、教师的选定、教师资格证书的规定以及教师的地位、工资福利待遇等，师范教育开始出现了系统化、制度化的特征。"②

我国师范教育的出现比西方国家要晚一些，总体上来看，是从 1905 年"废科举、兴学校"之后开始有了对师资的大规模的需要。但在 19 世纪末，洋务派在创办新型学堂时，就有了对师资的需要，当时"主要靠高价聘请洋人担任教师，讲授西学"③。1896 年 12 月，大理寺少卿盛宣怀奏请在上海创办南洋公学，"为解决师资问题，先设师范院"④，这可看作中国师范教育的开端。1897 年 5 月，京师大学堂成立，最初拟设"师范斋"，"但'师范斋'始终未有开办，后根据《壬寅学制》，在京师大学堂附设师范馆……这被看作是我国高等师范教育的开始。1902 年张謇在江苏南通所办的通州师范学堂，是我国最早设立的师范学校之一，也是我国第一所私立的中等师范学校"⑤。自此，教师作为一个独立的职业开始受到重视。新中国成立以后，随着基础教育的大发展，我国的师范教育也得到了极大的发展，发挥着重要的作用，并且越来越受到重视。

---

① 刘捷.专业化：挑战 21 世纪的教师［M］.北京：教育科学出版社，2002：94.
② 刘捷.专业化：挑战 21 世纪的教师［M］.北京：教育科学出版社，2002：95.
③ 毛礼锐，沈灌群.中国教育通史：第五卷［M］.济南：山东教育出版社，1988：97.
④⑤ 毛礼锐，沈灌群.中国教育通史：第五卷［M］.济南：山东教育出版社，1988：98.

那么，一个能被称为职业的行当，有什么特点呢？

美国教师教育学院协会在报告《教育：一种职业》中明确了职业的 12 种不同于半职业、副业技能行业和非技能行业的特征。

1. 职业是由行业有关的社会机构，为个人和社会提供最基本的服务。

2. 每种职业都满足一定领域的需要或执行一定的功能（比如说，保持人身体和情感健康、维护权利和自由、提高学习机会）。

3. 职业人员具有职业需要的大量知识和全部技能，如知识、行为、其他行业人员不具备的技能。

4. 职业人员在对顾客服务时要做出决策，这种决策要与正确的知识相一致，而不是依赖某一原理或理论。

5. 职业人员具有一门或多门专业知识，而且有基本的洞察力，在此基础上应用自己的知识和技能。

6. 职业人员参与一个或多个专业团体，这个团体具有社会的可信度，能够自由安排本团体的工作，并得到社会部门的认可。

7. 职业人员具有一致的行业行为标准。

8. 职业人员要经过专门机构的培训。

9. 职业和职业人员要获得社会公众高度的信赖和信心，从业人员有能力为社会提供服务。

10. 个体从业人员要有极强的服务热情和高度的责任感。

11. 服务对象和所在机构有权对从业人员进行评价。

12. 从业人员要接受公众的直接监督，要承担自身的职业责任，为社会负责。

简而言之，职业是一种建立在广博的知识和专业化训练基础之上的服务社会的行业。①

从以上的描述中可以看出，教师完全符合职业的 12 个特征。教师作为一种职业，不仅因为教师在社会发展中起着重要的作用，是不可或缺的，而且因为教师必须具备相应的专业知识、专业技能，才能担当起从事这门

---

① FIELSTEIN, PHELPS. 教师新概念：教师教育理论与实践 [M]. 王建平，等，译. 北京：中国轻工业出版社，2002：220-221.

职业的要求。因此，以培养未来教师为目的的师范教育越来越受到重视，力图通过职前教育培养出合格的教师。纵观国内外各师范教育专业的课程设置，其共同的特点，就是试图把教师在未来职业中所遇到的各种难题统统在职前阶段解决。因此，既有关于各学科专业知识的课程（即语文、数学、外语、物理、化学等纯学科知识课程），也有关于这些学科知识的教学法知识的课程（如语文教学法、数学教学法等）；既有关于学生心理发展的课程（如儿童发展心理学、教育心理学等），也有关于学校管理、课程设置等方面的课程（学校管理学、课程与教学论等）；既有如此这般的知识学习的课程，也有深入学校现场的实习课程（如教学见习、教学实习），等等。这样的教师培养思路，虽然想得周全，却把教师培养与教师在职实践割裂开来：培养是师范院校的任务，而在职阶段则完全是教师个人的实践与经验积累。这样的思路，从总体上看，并没有把教师在职阶段的发展考虑在内。但是，事实表明，师范教育只是使师范生具备了成为一名合格教师的基本条件，不会上课的师范毕业生大有人在。因此，重新认识教师的培养与发展以及师范教育（教师的职前教育）在教师培养方面所起的作用，也逐渐作为问题引起人们的思考。

就世界范围来看，"20 世纪 60 年代中期以后……师范教育面临着几个方面的巨大压力……此后，新教师培养机构的压力逐渐减小，为教师在职教育的扩大开辟了道路。于是，将教师专业教育的范围拓展至整个职业生涯的思想也逐渐得到强化"[①]。"1996 年，第 45 届国际教育大会以'加强变化世界中教师的作用'为主题，再次强调教师在社会变革中的作用，并建议从以下四个方面予以实施：通过给予教师更多的自主权和责任提高教师的专业地位；在教师的专业实践中运用新的信息和通信技术；通过个人素质和在职培养提高其专业性（professionalism）；保证教师参与教育变革以及与社会各界保持合作关系。"[②] 教师在职的专业发展被提高到一个新的高度。

---

① 叶澜，白益民，王枬，等．教师角色与教师发展新探［M］．北京：教育科学出版社，2001：204-205.

② INTERNATIONAL BUREAU OF EDUCATION. Strengthening the role of teachers in a changing world: Issues , prospects and priorities ［M］//叶澜，白益民，王枬，等．教师角色与教师发展新探．北京：教育科学出版社，2001：205.

三、关注教师在职专业成长

就世界范围来看，开始关注教师专业发展是在 20 世纪 80 年代以后。"就美国而言，1980 年 6 月 16 日一篇题为'救命！教师不会教！（Help! Teacher can't teach!）'的文章引起了公众对教师质量的担忧，拉开了以提高教师素质，促进教师专业发展为核心的教育改革的序幕。随后，有'国家教育优异委员会' 1983 年发表的《国家在危急中：教育改革势在必行》、霍姆斯小组 1986 年发表的《明天的教师》、卡内基教育和经济论坛'教育作为一种专门职业'工作组 1986 年发表的《国家为培养 21 世纪的教师作准备》、复兴小组 1989 年发表的《新世界的教师》、霍姆斯小组 1990 年发表的《明天之学校》、霍姆斯小组 1995 年发表的《明天之教育学院》等一系列报告引起了学校和教育行政机构的极大关注。……霍姆斯小组在《明天的教师》中勾勒出了培养教师的新方案，改变以往教师培养全部由大学负责的局面，把教育学院与中小学联合起来，建立类似于医学行业中教学医院的专业发展学校，加强大学教师、中小学指导教师与师范生之间的合作与联系。"①

相比于国外的情形，应该说，我国是较早关注教师在职发展的。1949 年新中国成立后，我国就强调教师在职阶段的教学研修。这时的在职研修主要通过教研组织来实现。例如，我国在新中国成立后就建立了学校内部的教研组，以研究教学工作。而校内教研组的教学研究工作，也同时是教师的提高和发展活动。史料记载，1952 年 3 月 18 日，教育部颁发《中学暂行规程（草案）》，其中的第三十三条规定："中学各学科设教学研究组，由各科教员分别组织之，以研究改进教学工作为目的。"此后，教育部又在 1957 年 1 月 21 日专门颁布了《中学教学研究组工作条例（草案）》（简称《条例》），要求各地试行。《条例》提出中学教学研究组（简称"教研组"）是各科教师的教学研究组织，同一学科或类似学科的教师组成各个教研组。《条例》规定教研组的任务是：组织教师进行教学研究工作，总结、交流教学经验，提高教师思想、业务水平，以提高教育质量。明确教

---

① 叶澜，白益民，王枬，等. 教师角色与教师发展新探 [M]. 北京：教育科学出版社，2001：206.

研组的工作内容是：学习有关中学教育的方针、政策和指示；研究教学大纲、教材和教学方法；结合教学工作钻研教育理论和专业科学知识，总结、交流教学和指导课外活动的经验。① 在这个条例里，可以显见对在职教师专业水平提升的自觉关注。

在校内教研组之外，还成立了正式的教研机构，即我国专职进行教学指导的机构——教研室，以加强对教学的指导，促进教师专业水平的提高。1954 年 8 月 7 日，教育部将北京市委所做的《关于提高北京市中小学教育质量的决定》通报全国各地。这份决定的第四条指出："市教育局应设立专门机构或专人负责管理教学研究和教学指导工作，经常地、系统地检查和帮助学校改进教学。"② 1954 年 12 月 20 日至 31 日，教育部召开中学教育工作汇报会，在《关于教育工作汇报会的通报》的第一条指出："加强教学工作的领导。改进教学是提高教育质量的基本途径，今后各级教育行政部门，必须将教学工作切实领导起来。为了加强对学校教学工作的领导，教育厅（局）除应加强有计划地培养视导人员，建立视导制度外，并应创造条件，设立或健全教学研究室，进行教学研究工作，以加强对学校教学工作的具体指导。"③

无论是校内教研组还是校外教研机构，都旨在通过提升教育教学实践活动来提高教师的教育教学水平，促进其专业发展。所以说，在教师专业发展方面，中国有着优秀的历史传统，这也是保证中国基础教育质量的重要措施。

那么，教师专业发展究竟指什么呢？

关于教师专业发展的研究很多，学者们对于教师专业发展的理解也不尽相同。例如：

佩里（Perry，P.）认为，人们对"专业"这个词的不同理解，代表着不同的价值取向。他说："中性意义上讲，教师专业发展就是教师个人在专业生活中的成长，其中包括如自信心的增强，技能的提高，对所教学科专

---

① 丛立新. 沉默的权威：中国基础教育教研组织［M］. 北京：北京师范大学出版社，2011：312-313.

② 《中国教育事典》编委会. 中国教育事典：中等教育卷［M］// 丛立新. 沉默的权威：中国基础教育教研组织. 北京：北京师范大学出版社，2011：120.

③ 《中国教育事典》编委会. 中国教育事典：中等教育卷［M］// 丛立新. 沉默的权威：中国基础教育教研组织. 北京：北京师范大学出版社，2011：120-121.

业知识的更新、扩展、深化，还包括对课堂上自身行为目的性的强化。在积极的意义上，教师专业发展囊括更多的内容，它表明教师已经成长为一个超出技能的范围而开始出现艺术性的表现；或是把工作提升为专业的人。"①

利伯曼（Lieberman, A.）将教师专业发展与"在职教育"、"教师培训"对比，对教师专业发展做出说明。他认为，"教师专业发展的概念对过去的在职教育或教师培训（in-service education or staff development）进行了重新定义，因为它关注教师对实践探究本身，把教师看成是一个成年学习者。教师专业发展的概念还把教师看作是一个'反思实践者'，一个具有缄默性知识基础的人，能够对自身价值和与他人的协调实践关系不断进行反思和再评价的人。以往的教师培训或在职教育仅仅意味着针对个别教师的工作室（workshop），并持有这样的假设，即教师掌握课程内容和如何呈现这些内容的知识就可以将其运用于教学。但教师专业发展却代表了一种更为广义的思想，不仅是教师和学生一起改进实践的途径，还意味着在学校里建立起一种相互合作的文化，在这一文化中教师之间相互学习的行为得到鼓励和支持"②。

可以发现，在佩里那里，更多强调的是从教师的角度来言说发展，强调的是教师自身专业成长的过程，强调教师在目标意识、教学技能、合作等方面的进步。在利伯曼那里，则将专业发展、教师培训和在职教育作为相似的概念使用，这里的教师专业发展实际上就是促进教师专业发展的方式、方法，即我们现在通常使用的"教师教育"这个词。持这种理解的相关研究的最终诉求都是一个问题，就是如何帮助教师，如何促进教师发展。比如，我国台湾学者罗清水在其研究中，将专业发展（professional development）与专业成长（professional growth）、教师发展（teacher development）、教师培训（staff development）交互使用。还有学者把教师专业发展（teacher professional development）直接翻译为"教师专业培训"。

---

① PERRY. Professional development: The inspectorate in England and Wales ［M］//HOYLE, ME-GARRY. World yearbook of education 1980: Professional development of teachers. London: Kogan Page, 1980: 143.

② LIEBERMAN. Teacher development: Commitment and challenge ［M］//GRIMMETT, NEUFELD. Teacher development and the struggle for authenticity: Professional growth and restructuring in the context of change. New York & London: Teachers college press, 1994: 15-16.

威迪恩（Wideen，M.）综合了以上两种理解，认为"教师专业发展"包含五层含义：（1）协助教师改进教学技巧的训练。（2）学校改革整体活动，以促进个人最大成长，营造良好的气氛，提高学习效果。（3）是一种成人教育，增进教师对其工作和活动的了解，不只是停留在提高教学成果上。（4）是利用最新的教学成效的研究，以改进学校教育的一种手段。（5）专业发展本身就是一种目的，协助教师在受尊重的、受支持的、积极的气氛中，促进个人的专业成长。

综上，无论对教师专业发展如何理解，都不能只依赖职前教育，而必须要在教师真实的教育实践过程中来实现。在这个意义上，职前教育只是对未来教师的孕育，真正的成长，是在教师进入学校，成为一个教师，从事教育教学实践之后才开始的。

四、教育实践现场是教师发展的基地

教师的专业发展是从什么时候开始的？只有进入学校，面对学生，承担起教师职责的时候，一个人才真正成为教师，也才开始了作为教师的专业发展历程。

当然，教师的职前教育（师范教育）无疑有着重要的不可替代的作用。但是，职前教育（师范教育）对于教师的意义，正如母体之于胚胎，只能算作教师的孕育期。只有在学校这个真实的现场，教师才真正开始了作为教师的职业生涯，才开始了职业的磨炼和作为教师的成长。因而，教师的在职成长，甚至比教师的职前教育更重要；而在职的专业成长，远比职前的师范教育更复杂，涉及的因素更多，更具实践性和针对性。

对于教师来说，从职前到在职，发生的是根本性的变化。与职前相比，他不再是师范生，而成为一名教师；面对学生，他的身份不单单是教学生知识的教师，还是学生成长的引路人，是一个能以鼓励、宽容的态度正确看待学生发展可能性的长者；同时，他还是其他教师的同事、校长的下属。与职前阶段相比，他不单要具备从事教育教学的专业知识和专业技能，更要有能够读懂学生眼神、表情和动作的本领，具备理解、帮助他们的能力。也就是说，他不单要有实实在在的教学技术，更要有能在具体的教育情境中，把它们转化为教学的智慧……如此多的角色与纷繁复杂的任务，只有在教育现场中才能够真正呈现出来；也只有在教育现场中，才能够被真正感受到，这是任何完备的职前教育都无法实现的。

怎样的在职教育才能完成如此多样而复杂的任务呢？

在职教育，通常被称为"继续教育"，而提到继续教育，首先想到的是脱离教育现场的短期集中培训。这种短期集中培训，被认为既可以兼顾工作，又可以"回炉再造"、"继续提高"，是一举两得的好事，是教师专业发展的好途径。在自觉关注教师专业发展的意义上，这种方式确实是好的，因为它没有任教师自发地成长，而是自觉地为教师在职专业发展提供了一条途径，创造了一种模式。但是，短期集中培训的模式，根本思路与职前教育模式并无二致，从根本上认为教师在教育实践中难以发展。它把教师从教育现场中拖出，让教师从正在进行的教育教学活动中抽身，把教师重又变回为纯粹的学生，接受所谓的再教育、再提升。虽然由于有了教育教学实践的经验与教训，使得这时的学习与师范生时期的学习不完全相同，可以有针对性地反思教育教学中的困惑，但是，这种形式终究是把教师发展与教师的专业实践隔离了开来。没有了真实的场景和真实的问题，它的效果并不如所期望的那样好。

事实上，我国学校传统的"师徒结对子"（如"青蓝工程"）、教研活动等，则是把专业实践与专业发展相结合的典型样本。师徒结对，使新教师迅速成长为合格的教师；教研活动，又使教师教育教学实践活动中的困惑能够得到及时解决。

正是在这个意义上，可以说，真正的教师专业发展，是在教育现场中实现的。可以说，教师的专业实践过程，就是教师的专业发展过程，教师的发展过程就在他的实践过程中。教师做了什么，他便学了什么，如何做便如何学。当然，这里的专业实践，一定是主动、自觉的专业实践，而不是主体意识缺席的实践；是主动寻求变革、追求更完美的实践，而不是日复一日的重复动作。也就是说，教师在这样的过程中成长起来了。

2010年颁布的《国家中长期教育改革和发展规划纲要（2010—2020年）》提出，要"严格教师资质，提升教师素质，努力造就一支师德高尚、业务精湛、结构合理、充满活力的高素质专业化教师队伍"。这样的任务，只靠教师个人的自发成长是不可能实现的，主要依赖短期脱产培训也不可能实现，而必须在主动的教育教学改革实践中，在自觉的教育实践和系统的理论学习中才有可能实现。在主动的教学改革实践和实验中，教学实践本身成为教师自觉观察、研究和反思的对象，而教师也在这样自觉的观察、研究、反思和改造的过程中，进一步学习理论，提升自己观察、研究、反思和改造教学实践的能力。

　　现代学校教育的特点，决定了学生的成长、学校教育的成功决不可能只依靠一个或几个优秀教师，而必须是一个各有特色、相互支撑的教师团队。一所学校、一个地区的教育能够迅速发展，得益于拥有一支优秀的教师团队。这样的教师团队，并不是自然形成的，是经由大量自觉的工作、出于对教师及教师队伍的想象而自觉塑造的。

　　因此，在继承、吸收以往在职教育传统的基础上，如何创造一种更为合理的形式，帮助教师实现自觉、快速的发展，是学校的责任，也是各地方教育行政部门需要特别思考的课题。

　　江苏省无锡市滨湖区在现代教师专业发展方面，做出了积极有益的探索，我们甚至可以称之为教师专业发展的"滨湖模式"。研究这样一个案例，对于我们探索现代教师专业成长的机制有着积极的启示意义。

第一章

好教师来自好团队

高原之上起高峰。

——中国俗语

在相当长的时间里，教师的专业发展并没有进入人们的视野。教师在职期间的发展，仅被看作教师个人的事情，与其所在的学校无关，因此无需给予特别关注。在这样的背景下，教师的成长多依靠教师个人的努力和天赋，教师的发展大多是自发而非自觉的。在现代社会高速发展、国家需要培养大批优秀人才的形势下，这种自发而缓慢、全凭教师个人努力的教师发展情形已经不能适应社会和教育的需要了。因此，探讨教师专业发展，不能仅局限于探讨单个优秀教师成长的机制，而是要讨论和研究一支优秀教师队伍的成长机制以及作用发挥的问题。与单个教师的成长不同，一支优秀的教师团队，不可能在"自然状态"下自发形成，也不可能凭靠每个教师的天赋来形成，而必须有意识地去组织，自觉地去形成。因此，要建立一套制度、形成一套措施，把教师队伍的成长和发展作为重要的教育工作去自觉实施，才有可能帮助教师快速成长，实现《国家中长期教育改革和发展规划纲要（2010—2020 年）》所提出的目标："严格教师资质，提升教师素质，努力造就一支师德高尚、业务精湛、结构合理、充满活力的高素质专业化教师队伍。"

滨湖区的教师队伍高速优质发展，正是得益于对教师专业发展的自觉关注。

第一节　建立促进教师团队发展的体制机制

在有着众多学校、众多教师的一个大的组织里，如何保障教师专业发展持续有效、公平公正地开展呢？制度必不可少。

一方面，制度是根据活动本身而非某个人喜厌好恶来制定的，因而最大程度上体现了活动本身的特性；另一方面，制度一旦形成，便需要所有个人严格遵守，要求所有个人必须按照既有的制度行事。如此，便减少了由于个人的好恶或水平高低而带来这样那样的随意性，保证了活动能够依据活动本身所需要的方式顺利运转。在这个意义上，任何大规模开展的活动，都必须有制度的保障。当然，制度并不是没有人情味，好的制度是对个人权利的最好保障。

一、教师团队专业发展的整体构思

教师专业发展水平是衡量教育发展水平的重要指标之一。拥有一支高素质、高能力、高质量的教师队伍是一个地区、一所学校教育发展水平的直接体现。在这个意义上，建设教育强区首先要大力促进教师的专业成长。

一支优秀的教师团队，并不是单个优秀教师的拼凑，而是各有特长、相互合作的教师的自觉联合体。因此，一支优秀教师团队的形成，不能依赖每个教师个人的热情、天赋和努力，而必须有一套完善的机制和措施来保障、帮助、促进教师的专业发展。在这一点上，滨湖区是自觉的。他们对教师专业发展的重视，主要体现在两个方面：一是特别重视激发教师个人和学校的积极性和主动性，二是特别重视从制度上保障教师自觉、通畅地发展。

在 2011 年 8 月召开的 2011 年滨湖区教育工作推进会上，教育局下发了《无锡市滨湖区"十二五"教育事业发展规划（2011～2015 年）》（简称《规划》），明确了未来五年滨湖教育改革发展的总体定位。《规划》强调滨湖区要率先全面实现教育现代化，率先基本建成学习型城区，率先建成教育体系完善、教育理念科学、教育多元开放、优质资源充裕、城乡教育一体、发展高位均衡的教育强区，为率先建成全国一流人力资源强区打下坚实基础。围绕教育改革发展的总体定位，《规划》具体强调了德育、学前教育、义务教育、高中教育、职业教育、特殊教育、继续教育、教师队伍、教育国际化、教育信息化十个重点任务。显然，这十个重点任务都与教师队伍的水平与发展紧密相关，而把教师队伍单列为一个重要任务，目的就是要建立一套有助于促进教师专业发展的体制机制。

　　一支优秀的教师队伍的形成，有许多理论和实践的难点。例如，新入职教师如何尽快胜任工作，教师如何不断自我超越成为优秀教师，老教师如何克服职业的衰退期保有持续的工作热情，等等。这些问题不仅是教师个人的问题，更是学校和地方教育局需要不断给予关注和帮助的问题。再如，一个学校的教师应该有怎样的结构，学校间的教师如何能够互助合作，等等，也都需要结合学校及区域特点做出规划、给予关注。为此，滨湖区成立了一个旨在促进教师专业发展的专业机构，即滨湖区教育研究发展中心（简称"教研中心"）。

　　2001年滨湖区建立。建立之初，区教育局就意图着力整合资源，建立一个专门的机构指导全区的教育、教学、教师专业发展。2005年，区教育研究发展中心成立。这个中心是在原教研室、教科室、教师进修学校、电教站、《滨湖教育》编辑部等部门基础上整合而成的，是集"教研、科研、教师专业发展、信息技术"于一体的、体现教育"研究、服务、指导"功能的机构。教研中心主任黄一敏这样定位教研中心——"整合机构、整合资源、整合模式、研训一体的机构"。黄主任认为，研训一体对于教师专业发展是有利的，例如，"原来的教研员不参与培训，只做研究，或只是在课堂上对教师的教学做即时的指导和交流，对教师的专业发展没有长远的考虑（也很少有全面的考虑）。在教研中心，教研员也要承担起培训师的作用，如'希望之星'班的班主任就是我们的教研员"。这样，教研员对教师专业发展就有更系统、更长久的考虑了。

　　针对教师专业发展现状与特点，滨湖区为自己"量身打造"了一套促进教师专业发展的思路与措施。

　　（1）重视青年教师的培训。作为一个新区，滨湖区的学校都处于迅速发展阶段，很多学校的教师平均年龄只有三十几岁，同时，每年还会有大批新入职的教师，因此，青年教师的培训就成为滨湖区教师专业发展的重要内容。

（2）重视优秀教师的专门培养工作。一名优秀教师带给学校的变化是辐射型的，因此，滨湖区在致力于"青蓝工程"、"教师生命质量工程"等教师成长常规计划的基础上，还创造了"希望之星"、"名师工作室"、"教师成长基地"等优秀教师的培养方式，意图通过培养优秀教师来带动教师队伍的整体发展。

（3）重视校长的培养。校长是学校教师发展的领头人。在一定意义上，一位优秀的校长就意味着一所好学校、一支优秀的教师团队。因此，滨湖区在大力关注教师发展的同时，也自觉地关注优秀校长的培养，力图使每位校长都成为优秀校长，使优秀校长成长为有自己教育思想的教育家型的校长。

关于滨湖区教师专业发展的规划及运行，黄主任结合教研中心的工作总结了以下几个方面。

1. 滨湖区的教师培训目标与原则

滨湖区的教师培训目标是建设一支适应滨湖教育现代化要求的教师队伍，建立和健全教师培训的新体系和管理新制度，全面建设促进教师专业自主发展的教师学习文化。滨湖区的教师培训原则是："自我发展、以人为本、分级负责、严格管理、讲求实效。"

2. 分层分类成体系：滨湖区教师培训的三个特点

滨湖区的教师培训，有三个特点。（1）培训对象层次化：包括学校干部培训、骨干教师培训、成熟教师培训、职初教师培训。（2）培训内容专题化：涵盖师德培训、学科培训、教科研培训、现代教育技术培训、班主任工作培训、学校教育教学管理培训、心理健康教育等内容。（3）培训形式多样化：包括工作室、沙龙、结对子、导师制等。这些基本实现了培训对象和培训内容的"全覆盖"，并形成了自身的特色。

3. 教研中心带动下的校本培训

教育研究发展中心，是负责教师专业发展的专业机构，在教师专业发展过程中起着重要的作用。

一是建立教研中心与中小幼沟通的有效机制。实行分片联络员蹲点制度，将培训点的指导和服务明确落实到个人，对本区中小幼的联系与沟通实现了全方位与全覆盖，指导开展校本研修工作，更好地为中小学、幼儿园服务。与基层学校进行深度合作，通过开展区域研训、联片研训、结对研训、网络研训等多种形式的研训活动，促进校本培训。同时，积极搭建平台展示校本培训成果，开展教学展示、教育论坛等活动。

二是抓好骨干教师，促进校本培训。特别要发挥名师工作室的辐射作用，开展区、校两级骨干教师的培训。

三是建立与高校合作的办学机制，充分利用高校培训机构的优质资源来促进我区教师的专业发展。

总体来看，滨湖区建设优秀教师团队的有效机制，可概括为以下几点。

（一）优化教师结构

教师队伍结构优化，是教师队伍建设的一个基础问题，也是学校以及区域教育部门给予特别关注的问题。一方面，教师队伍结构优化牵涉教学、管理、行政等各部门，需要多方协同工作、共同努力，因而是一项综合性的问题；另一方面，教师队伍结构并不是固定不变，而恰恰是持续变化、动态发展的，因而必须长期关注并及时微调，以保证相对稳定的优化。滨湖区在教师队伍结构优化方面的思路是：在统一、稳定的人员结构设想下，按部就班地执行，踏实有效地落实，最终做到有序推进。

教师队伍结构优化，一方面，要求在教师入职遴选、在职培养等环节，立足于当地教育发展现状及未来发展目标，动态综合地考虑教师队伍的年龄、性别、学历、职称、学科、特长等结构性问题，从而形成一支有活力的、健康而优秀的教师队伍；另一方面，对于区域教育而言，要把实践中探索出来的、行之有效的措施制度化，从而使教师队伍能够依赖宏观调节及方向导引而形成一支相对稳定的教师队伍。如此，明确的结构优化思路和宏观设计就必不可少。滨湖区在教师队伍结构优化方面，既有一套明确的制度，又有灵活而明确的思路，为滨湖教师队伍优化提供了坚实有力的制度基础。

例如，2011年，滨湖区继续实行"凡进必考"制，严格考试，共引进教师131名，其中研究生26名，特级教师2名。目前，全区共有博士学历教师3名，硕士学历教师131名，特级教师9名，教授级高级教师2名，市名师5名，市学术技术带头人3名，区级以上骨干教师641名。

特别值得一提的是，滨湖区有幼儿园男教师 25 名，占全市幼儿园男教师总量的三分之一，并于 2011 年参加首届无锡市幼儿园男教师风采展示活动，4 人获一等奖，占全市获奖人数的一半以上。2011 年，全区共有 53 名教师被评为无锡市教学新秀，57 名教师被评为区教学新秀。滨湖区还有序推进教师交流工作，专任教师和骨干教师交流比例均达 15%。

（二）创新教师培训研修方式

教师在职培训是教师专业发展的重要途径之一。但大量的培训并没能实现预期的目的，教师们抱怨这样的培训只是走过场，浪费了大量的时间和精力。因此，结合当地教育及教师发展现状，探索有效的教师在职培训研修的方式和内容，就成为区域教师专业发展的重要工作。滨湖区的教师在职培训，超越了通常那种"专家讲座学员听课"的模式，创造了许多生动的形式，开风气之先。

2011 年，滨湖区组织教师 60 余人次赴其他国家和地区培训。其中，22 名骨干教师组团赴香港城市大学学习培训；12 名幼儿园园长赴台湾考察幼儿教育；5 名英语教师参加江苏省英语教师雏鹰培育项目，分赴加拿大、澳大利亚接受专业培训。

2011 年，教师区本培训异彩纷呈。滨湖区委托台湾何嘉仁教育机构开展英语教师培训，举办 2 期培训班，共 76 名教师参训。第一期区初中语文、数学教师脱产培训班 33 名学员顺利结业，绝大多数成为教学骨干。此外，区里还组织了 100 名中小学班主任参加中国教师研修网班主任网络培训，积极开展"班主任项目式培训"课题研究。

2011 年 9 月，滨湖区首个教师成长基地学校培训班在无锡市育红小学举行，这是滨湖区教师培训模式的新探索，是扎根教学现场的教师专业发展培训的一次新尝试。分别是语文、数学、英语学科的 3 名特级教师担任班主任，由教研员、学科骨干、市内名师组成的 3 个专家小组担任业务指导工作，对从全区选拔出来的 15 名"种子教师"开展实战式培训。全体学员在完成育红小学一个班的教育教学任务外，还完成了相应的培训任务。

近年来，滨湖区每年选派 3 名教师到位于北京的中国教育报刊社帮忙 2 个月，不计报酬，而且食宿由区教育局自理。这种形式，表面看起来只是一种"帮忙"、"被借用"、"实习"或"体验"，事实上却是培训的一种形式，而且是更高级的形式。通过这种形式，来实习的教师能够更好地熟悉教育部机关报的工作形式和流程，了解教育部的最新政策及相关最新资讯，能够通过角色互换实现对国家教育政策的全面把握。

滨湖区创造的另一种高级的教师在职培训方式，是每年选派几位年轻的副校长到全国各地的知名学校去见习，派年轻教师去全国各地的名校顶岗实习，同样是不计报酬而且食宿由区教育局自理。有人把这种方式叫作影子培训，也非常类似于心理学所讲的"认知学徒制"，我们则笑称它为"偷师学艺"。这是一种经济而有效的聪明做法，是视野开阔、促进相互交流的有效形式。

滨湖区教育局的金春兰书记负责干部培训，她自己也有一套适合干部培训的方式。一次，我们游览锡山公园，她指着公园里一处幽静的茶馆说："我们党组织的读书会一月一次，有一次我就放在这里开，大家都很高兴，边喝茶边谈感想，很愉快！"

滨湖区教师在职培训的再一个重要举措，是开通滨湖"教师研修网"（www.bhjsyxw.net）。我们不能不说这是滨湖区把握时代脉搏、与时俱进的表现。2007年8月，滨湖教师研修网开通，这是江苏省首家教师研修网，而且它迅速成为中国教师研修网中最活跃的社区之一。为此，时任滨湖区教育局局长的钱江专门撰文一篇，介绍滨湖教师研修网的情况。

为什么要开通教师研修网呢？滨湖区认为："随着信息化时代的到来，利用丰富、迅捷的网络平台开展教研合作，是教师专业发展的有效途径。网络研修的主体是教师，以解决教师在教育教学过程中的实践问题为核心，以提高教师专业发展水平为主要目的，最终实现经验交流和研训合作。"[1]研修网的开通，使滨湖区教师真正实现了跨时空的即时性交互，为教师研修提供了便捷的平台。滨湖区"依托网上教研的优势，开展每月1~2次的教研员网上论坛、滨湖教师大讲坛直播活动，适时开办一些课堂网上直播、'视频案例'等网上教研活动，通过搭建平台，提供舞台，让有真知灼见的教师们直抒胸臆，表达自己的教育主张。每次活动直播结束后，还将活动内容进行后期加工，放在研修网固定栏目中，以供教师随时点击。这让负担繁重的教师们不出校门，也能体验现场教学的愉悦，参与教学研究。另

---

[1] 钱江，吴仁昌. 激活"教师研修网"：滨湖教师研修网建设与管理纪实 [J]. 中国教育技术装备，2009（17）：21.

外，尝试引进新技术，多层面开展教研活动，既探索了缤纷多彩的网络研修新模式，也为滨湖教师研修网增添了新的活力与内涵。如2008年5月，滨湖区在全国范围内首次尝试依托教师研修网，发起由苏鲁京三地为主要参与地区的跨区域'幼儿园主题教学网络直播互动研修活动'。在短短的3天内，滨湖区共推出了由该区11家幼儿园的13位教师参与展示的12堂家常课，并结合活动主题，聘请相关专家进行网上即时点评和讲座。线上线下的幼教同行共同交流、探讨，创造了全国网络异地远程研修的新模式，书写了滨湖区教师发展文化的新篇章。直播活动不仅吸引了全国各地的幼教工作者，部分幼儿的家长也参与其中。中国教师研修网做出这样的评价：'滨湖区教育系统的这次活动，开了研修网跨区域互动教研活动的先河，为优质资源共享提供了可能，这次尝试非常有价值，拓展了研修网的功能。'"[1] "截至2009年2月，网站注册用户近5000人，协作组将近500个，发布日志近60000篇，上传资源11万多条。据不完全统计，滨湖的教师曾作为活跃用户推荐到首页的有6位，在其他博客频道、聚言堂频道等，大概共计20多位教师，推荐到博客频道的优秀日志共计1500多篇。"[2]

滨湖教师研修网，真正实现了跨时空即时交互的网络研修。"在滨湖教师研修网周年座谈会上，教师们用简朴的语言描述了他们眼中的滨湖教师研修网。获得2008中国教师研修网'研修之星'称号的林荔老师说，'研修网就像教师的智慧背囊！一个装着我们滨湖教育人教育经验与智慧的百宝箱！'教学能手庞燕萍老师认为，研修网是她的'第二讲台'，是一个'可以交流教学经验、碰撞教学新思路的舞台'。刚刚踏上工作岗位一年的年轻教师们则说，'滨湖研修网就像一个随身的指导老师，只要点击就有收获！'显然，滨湖教师研修网已成为滨湖教师职业生命发展的'第二办公室'、'第二信息档案库'。更让人欣喜的是，通过网络研修这一跨时空平台，滨湖教育'文化场'不断扩展，以团队协作、同伴互助为纽带的正式与非正式的'学术文化圈'正在形成。"[3]

截至2011年12月，"滨湖教师研修网"已建有各类学科、教科研协作

---

① 钱江，吴仁昌．激活"教师研修网"：滨湖教师研修网建设与管理纪实 [J]．中国教育技术装备，2009（17）：24．

②③ 钱江，吴仁昌．激活"教师研修网"：滨湖教师研修网建设与管理纪实 [J]．中国教育技术装备，2009（17）：21．

组 446 个, 3900 多名教师在网上拥有了自己的工作室, 共发布资源近 7 万条。中国教师研修网博客首页的多数推荐文章来自滨湖教师研修网。滨湖教师研修网成为教研员工作学习生活不可缺少的一部分, 成为滨湖教师专业发展的"第二办公室"、"第二信息资源库"。①

滨湖教师研修网首页

为什么滨湖区可以创造如此多样的研修方式呢? 这是因为他们把教师专业发展放在重要的位置上来思考。滨湖区认为, "教师专业发展是促进滨湖教育良性发展、可持续发展的第一要素"②。因此, 他们重视挖掘和发挥教师研修方式在教师专业成长中的作用, 力图建设具有本土特色的滨湖研修文化。在这样的思想认识基础上, 才可能有如此丰富多样而又有实效的教师研修方式。

(三) 打造优秀教师提高计划

如何让尽可能多的教师走进骨干教师的行列? 如何为更多的教师提供

① 摘自黄一敏 2012 年在江苏省教研室主任高级研讨班上的会议交流稿《教研员能力之我见》。
② 钱江, 吴仁昌. 激活"教师研修网": 滨湖教师研修网建设与管理纪实 [J]. 中国教育技术装备, 2009 (17): 24.

成为骨干教师的机会和土壤？如何让骨干教师真真正正在学校、在区域中发挥骨干作用？这些都是区域教育行政部门不能回避而必须面对的问题。就骨干教师来说，教师培训效果如何，直接影响到他们的继续成长及作用发挥。

为使骨干教师培训能够真正收到实效，滨湖区成立了名师工作室、博士工作室，依托这两个工作室来实现骨干教师的继续培养和成长。

在无锡，滨湖区是最早建立名师工作室的一个区。所谓"名师工作室"，就是充分利用当地的名师资源，以名师为工作室的导师，采用"师徒制"的培养模式，在全区范围招收 8—10 名优秀骨干教师为"徒"，在 2—3 年的时间里，通过多种形式，传授导师自己的教学经验，培养优秀教师。"名师工作室"特别强调教师学员在教学技能和教学艺术方面的提升。名师工作室的导师，除了亲自上示范课、实施个人课题研究之外，还要为每一位"徒弟"量身定制培养发展规划，定期与培养对象举行专题研讨，负责指导教师学员进行课堂教学、课题研究，指导教师学员撰写与课题研究相关的读书日志、听课日志或行动研究日志。到 2011 年，滨湖区已经正式命名了9 个名师工作室。

名师工作室之外，滨湖区还成立了博士工作室，2011 年正式命名了首批 2 个博士工作室。与名师工作室关注的重点不同，博士工作室强调教育科研能力的引领，旨在为集体开展教育科研提供一个新的载体，起到促进全区教师向专业化、科研化转型的作用。

校长培训，也依托区外资源展开，突出强调提高校长的质量管理实效。2011 年，滨湖区推荐 5 名校长参加国家级、省级骨干校长培训，3 名校长成为北京师范大学教育家书院兼职研究员，2 名校长分别成为南京师范大学、华东师范大学访问学者；此外，组织 6 名教育管理人员赴美国进行教育考察，开阔视野。

二、教师的选聘与任用

建设一支优秀的教师团队，不仅需要有计划、有目的地加强教师的在职提高，还需要从源头上把关，在过程中调整。选聘优秀的教师，让合适的人在合适的岗位上，才有可能形成结构合理、各有特长而又相互配合、能够协同合作、发挥最优的育人作用的教师团队。

（一）"把优秀的教师选进来"

在滨湖区，"凡进必考"已经成为遴选新教师的一大特色。仅2010年参加滨湖区教师职位选拔考试的考生就有908人，研究生比例达32.3%，党员比例达51.8%，最终共引进教师110人，其中硕士31人，博士2人，特级教师2人，使全区小学教师大专学历达87.7%，初中教师本科学历达82.2%，高中教师研究生学历达21.4%。要想成为滨湖区的教师，没有其他的渠道，只有考试，所有人在新教师选择机制面前都是平等的。最重要的是考试之后的"择优录取"，要保证把最优秀的应聘者选出来。这样，就从源头上解决了教师素质的问题，保证了新教师的基本素质。值得一提的是，滨湖区还特别加大了招录优秀的博士生、硕士生的力度，这种"选人"的高标准，从根本上提高了"入门"的"门槛"，为教师的进一步发展奠定了较高的起点。

（二）岗位选才

在滨湖区，教师任用与新教师选用一样，严肃严格。区教育局要对各类学校的岗位总量、结构比例、最高等级、岗位聘用以及聘用管理办法等做出具体的规定，再结合不同学校的具体情况做出合理安排。这样的岗位选才，不仅为每位教师的发展提供了合适的平台，而且为每个学校提供了合适的教师，为学校的教师结构优化打下了良好的基础，而且形成了一套较为严格严谨的岗位选才办法，颇具管理学的启发意义。

（三）专项引才

在新教师选聘、岗位合理安排的基础上，滨湖区还把延揽名师作为学校发展的动力之一。滨湖区的专项引才计划是在国家人才流动的大背景下出台的，在某种意义上，这也是为合适的人提供合适的岗位的一种做法。滨湖区鼓励学校灵活引才，并营造"引得进人、留得下才、干得了事"的良好环境。根据教师队伍建设的总体规划，近年来，滨湖区引进了一批在其他地区甚至全国知名的教师。这些教师的加入，为滨湖区的教育发展注入了新的生机，也为滨湖区教育发展带来了不同的思路和做法。如为育红小学的发展做出巨大贡献的前任校长张虹就是从东北地区引进的知名教师①，直到现在，人们还会常常提起张校长，提起她的贡献。

三、鼓励教师有个性地发展

好的制度，在于既能"保底"，又能"不封顶"。"保底"，即让所有的教师都各在其位、各安其职；"不封顶"，即要营造宽松的环境，鼓励所有的教师挖掘自己的潜力，发挥最大的作用。这样的制度，没有长期而整体的宏观规划，是不可能形成的。

为了"保底"，滨湖区通过人才梯队专项管理来实现教师队伍的整体建设。主要措施有以下几种。

（1）实施"滨湖校长、教师阶段成才助力计划"，指导教师制订个人发展规划，设立教师成长助力专项经费，用于专项培训、项目成果资助、课题研究资助等；

（2）通过开设专家讲座、举办主题沙龙、开展案例分析、组织参观考察、委托高校培训等形式，提高校长队伍的管理水平和领导艺术；

（3）按照导向性、激励性的原则，突出教师队伍建设的基础目标，按不低于专任教师总数的15%、不低于骨干教师总数的15%的比例，推进教师的交流；

（4）积极推进"教师发展达标校建设"行动计划；

……

通过这样的梯级安排，滨湖区保证了每个教师都能达到最基本的合格水平，也保证了教师能够循序渐进、有步骤地在不同阶段实现应有的发展。

可以看出，这样的教师培养计划具有较强的普适性，是从整体上对教师专业发展来进行规划的。同时，对于那些有特殊才能的教师及骨干教师，滨湖区则在梯级发展的基础上，通过建立教师多元发展机制，去着力发挥他们的作用，促进他们成长。具体措施如下。

（1）积极倡导教师的个性化、特色化、多元化发展，借助教师节表彰一批"学有特长，教有特色"的品质教师；

---

① 戚阜生. 为教育追逐梦想：记育红小学原校长张虹［EB/OL］.（2008-04-08）［2012-09-15］. http://wx.xinhuanet.com/2008-04/08/content_12907384.htm.

（2）完善骨干教师的管理制度与方式，深入推进骨干教师的流动机制，尝试跨幼儿园、小学、中学等学段的纵向型教师岗位交流；

（3）通过静态成果与动态研究相结合、专题展示与个人展示相结合等方式，展示全区教师的教育教学科研成果，服务全区教师发展；

（4）鼓励教师主动设立个人发展展示室，建立教师发展展示中心。

对个性化教师的关注和重视，使得滨湖区涌现出了一大批有个性的教师；又由于有大量的个性化教师做出杰出的贡献，使得滨湖区意识到需要有特殊的政策来鼓励这些教师更好地发展。我们在滨湖区感受到了有个性教师的魅力和自信，而这种魅力和自信是与信任、宽松的氛围分不开的。

附 1-1　新生代教师的"春天远足"
——记语文老师高峰

高峰老师，1976 年生人，1999 年参加工作，是一位初中语文老师。高峰老师是滨湖区公认的帅哥，无论是外形还是谈吐，都很有吸引力。他的学生无比热爱他，称他为"老高"。他带着学生们写班级日志写出了名堂，到现在，已经出了两本书：《初三的味道》（跟其他学校老师合作）和《那年我们初三》（学生的日志集）。

我们对高峰老师的访谈从他倡导的班级日志开始。

访谈者（简称"访"）：当时怎么想起来要让学生写日志的？

高峰（简称"高"）：我既是语文老师又是班主任，让学生写日志既能让学生练文笔，又能掌握学生的思想动态，所以是一举两得的事情。我们班有 30 多个人，每人负责一天的日志，每个学生 1 个多月轮到一次，因此，轮到的时候，学生都写得非常认真。每个人写的时候都会把前面同学写的内容翻看一遍，这样就能够取长补短，提高自己的写作水平。

一年 200 多篇班级日志，每个学生每天一篇随笔（周六、周日都要写），一年下来学生的作文水平得到了很大的提高。我们把全班每个人的作品都收入了集子，没有进行修改，基本都是学生原汁原味的东西。

访：有许多人说作文里写的都是假的、八股性的，你们的班级日志情况怎么样？

高：全是真的。写的内容都是关于班级的，没有个人非常私密的话。

有些学生可能有一些话会对家长隐瞒，但喜欢对老师坦诚，对老师信赖。这就需要班级创造一个民主的氛围来激发学生的写作热情。有一些文章我会给他们很多批注，这都是很好的沟通机制。

访：平时学生怎么称呼你？

高：就称我老高，很亲切。我跟学生的关系很融洽。

我刚参加工作的时候总跟学生打成一片，但这样有的时候有些事情反而不好办。经过一段时间的带班，我总结出来的经验是"先紧后松"：从初一开始就严格管理，严格主要表现在制度的严格执行上。我们班级所有的成员一起商量班规，基于这样的一个平台，如果有学生违反那么咱们就公事公办，学生也没有什么别的想法，都很服气；到了初二的时候就稍微宽松一些，慢慢开始走入学生的内心；到了初三就跟学生的关系很融洽了。我们的班级日志是每天都写，即使到初三复习最紧张的时候也没有中断过。

我从前的一名学生，现在上了高三，很怀念初三时候的经历。他跟我写信交流说，我们那时候的气氛很融洽，他的心情很愉快，现在的枯燥学习生活跟那时不能够比，而且他很愿意写随笔。

除了在学校面对面沟通，我还开通了搜狐博客，每天都在上面跟学生交流，养成了习惯……

我们每年三月份有颁奖典礼，表彰过去一年的十大杰出学生；此外，一个重要环节就是开始新一年的读书竞赛——我起名叫作"春天的远足"，学生每年报名都很踊跃。我们规定，只要中断一天就得退出这个竞赛，这是很严格的规定，所以能够坚持到第二年三月份的人很少。跟学生一起读书写东西，感觉很快乐。

访："班级日志"也算是作文吧？那么作文课上交的作文你是怎么教学生写的？又是怎么批改的？

高：批改有很多种方法，一种是一篇一篇改，这样的效果不一定好，老师也很累，也不利于与学生的深度交流；再一种是深度批改，不一定每次都一篇一篇批改，但是三年总会有一次深入沟通；还有一种是学生批改学生的作文，互相之间有交流；第四种就是找出来一篇作文在课上解剖开来，这篇作文不一定是最好的或者是最差的，而可能各方面的问题在文章中都能反映出一些，我把作文给每个学生发一份，由学生对这篇论文评头论足，大家一起讨论，共同提高。总之，我们是用一种变通的方式来批改作文。

我反对学生看作文书，宁可要学生看一些小说、散文、诗歌等作品，而不要束缚住自己的写作思路。而且我对有个性和没有个性的学生有不同的教学方法……

访：你对学生读的书都有些什么要求？

高：我们有自己的班级图书馆，我们读的书都是经过挑选的。有一年我也跟着学生一起参加读书毅力竞赛，每天跟着学生读书，坚持了一年，每天都写读书笔记。

创建班级图书馆的初衷是，学校图书馆里的书有些是学生不愿意读而且也不方便读的，最好的做法就是把书放到学生随手可得的地方。学校也很支持我的做法。

创建班级图书馆的时候，我会给学生提供这一期的书目，对每本书都会有简介，由学生来决定读哪些书。我们的图书馆成立的时候，我自己先捐了200本书，学生也都很支持我，很踊跃地捐献图书。我们捐的书都是自己掏钱买的，我自己先捐了1000元。家长很支持我的做法，其实这些做法的初衷都是为了学生，这一点家长也都很理解。

我做班主任时，很多买书打折后省下来的钱都被用来当作班费，所以我们的班费有很多。有一年教初三时，我带着我们全班学生去唱KTV。我们统一出发，包了一个总统套房，为的是让学生好好放松放松，结果效果非常好——在最紧张的初三，学生都能保持一个良好的学习心态。

访：作为新生代教师，你的想法跟一些"50后"、"60后"的老教师都不太一样。你感觉跟学校的老教师在做法和想法上有什么差别？

高：我一入行就没有什么束缚，就按照自己的想法去做。我受的也是传统教育，参加工作以后发现学校里学的东西有很多都不太适用，这样在前三年就有一个调整的过程。我们学校的民主氛围很好，我的一些创意也能够得到学校的支持。我们学校的老教师在思想上也都比较开放，不反对新的东西，有些教师自己不能继续学习了，但是也不抵制其他人创新，这样的氛围就很好。再加上近几年年轻的教师也越来越多，前几年每年都进十几个新教师，我在学校里面也都属于老教师了。

访：你理想的教师形象是什么样的？

高：不是越年轻越好，我现在的状态也不是最理想的时候。我想是到了40多岁的时候，那时候经历多一些，心态年轻一些，跟你的学生想法要合拍些，这样是比较好的。如果要描述一下具体的教师形象的话，我觉得典型的特征有这几点：

（1）在阅读方面，知识体系不能局限于教学本身，要了解整个社会的各方面知识，要了解全局后再来搞教学，这样才能做到游刃有余；

（2）心态要和学生合拍；

（3）性格要阳光，身心的状态都要很健康，展现出来的状态要能跟学生合拍，学生都是充满青春活力的，作为老师也不能太严肃；

（4）心态要好，对什么样的学生都能应对。

第二节　为教师搭建持续发展的阶梯

就大多数教师而言，教师专业发展的过程既是学会教学的过程，也是获得教师角色、习得教师规范的社会化过程。如何使教师能够持续地获得发展，在职业生涯的每个阶段都能体会到教师职业的意义，保持对工作积极的态度以及对自身存在价值的肯定，是教师个人、学校以及教育行政部门的一项重要工作。在国家层面，我国出台了一系列文件，以表彰并激励教师有更高的职业追求。如 1992 年颁布的《教师和教育工作者奖励暂行规定》（后由 1998 年颁布的《教师和教育工作者奖励规定》代替），1993 年颁布的《特级教师评定规定》、1994 年颁布的《教学成果奖励条例》，等等。同时，对于中小学继续教育也有相应的文件来规范。如 1999 年颁布的《中小学继续教育规定》，以保证教师能够在职享受继续教育的权利，获得相应的发展。所有的这些文件和规定，对于激发教师专业发展的积极性和热情，无疑有着重要作用。但是，上面提到的各种奖励规定，所指向的都是教师专业发展的终点，即对做出一定成就的、有贡献的教师的奖励。而从新教师到有贡献的、杰出的教师，有着漫长的道路，需要做出巨大的努力，迈过无数的台阶。在这条漫长的道路上，单靠教师个人的努力是很难使大多数教师都成为优秀教师的。因此，针对教师在不同职业生涯阶段面临的问题，从教师入职开始，在教师职业生涯的各个阶段都提供有利于教师发展的帮助，是教师专业发展过程中最重要的工作。

滨湖区的教师专业发展，总结出了一条由组织引领并帮助教师快速实现专业发展的有效途径，并通过以点带面的方式实现教师队伍的全面优化。教研中心主任黄一敏把滨湖区的教师发展工程概括为三个层次：

第一层次，实施"青蓝工程"，重点抓好青年教师教育教学基本能力"三达标"；第二层次，实施"希望之星工程"，重点培养优秀青年教师成为市、区级教学新秀、教学能手；第三层次，实施"名师工程"，在无锡市建立了首批"名师工作室"、"博士工作室"，重点培养学术、技术学科带头人和名特教师。①

一、"三达标"——为新教师铺路搭桥

新教师是一批什么样的人呢？

他们是刚刚走出校园踏上教师岗位的年轻人。他们具备一定的理论知识和教学技能，也有自己对教育的理解，但真正走上讲台、管理班级，他们还是会紧张无措。这个时候，他们最需要的，是同行的鼓励、老教师的帮助和指导……

入职探索阶段是每一位新教师正式上岗后的最初几年都必须经历的。这个阶段，包括由学生（师范生）角色初步转换成教师角色的入职初期和工作一年甚至几年以后的适应期。之所以强调是适应期，是因为个体从学生角色转换成教师角色的过程通常不会一帆风顺，而是会遇到很多困难和问题，这些困难和问题甚至会阻碍教师对职业的热情和信仰，使得新教师可能在入职的最初几年向其他职业流动。正如加拿大学者大卫·杰弗里·史密斯（Smith，D.）所说："开始从教时，对于作什么样的教师、想怎样实现我自己，我可能怀有明确的想法。我或许想以自己曾十分钦佩的某个教师为榜样加以模仿，或许通过避免所有教过我的老师的缺陷来建构我自己。也许我热爱自己心目中的教师这一角色，想以独特方式与学生打交道，极力想把课上得生动活泼，甚至可能认为学生会特别喜欢上我的课。这类

---

① 摘自黄一敏2012年在江苏省教研室主任高级研讨班上的会议交流稿《教研员能力之我见》。

自我建构，开始时可能起点作用，但久而久之都会化成灰烬。"①

入职初期的个体，不仅在身份上要由师范生转变为正式教师，而且要承担正式教师的义务和责任，在实践中亲身体验和处理教育教学的一系列实际问题，比如课堂纪律问题、与学生相处的问题、如何把自己的知识有效地转化为学生的知识，等等。

初入职的教师个体处于教师专业发展的关键期。很多教师都难以忘记他们刚刚成为教师时的那段"艰苦岁月"。这个阶段顺利与否，直接影响着一个教师的职业生涯。如果新教师能够顺利度过这段焦虑期，就能够比较快地成为一名合格、优秀的教师。很多已经成名的教师，在谈起他们的经历时，大多认为他们在初入职阶段能够很快地适应，并较快地开始了从一名合格教师向优秀教师的转变。

为了帮助新教师顺利度过这个阶段、快速"上路"，滨湖区出台了"三达标"。

"三达标"的目标，就是要通过"建立和完善青年教师校本培养、自主发展、专业评价的成才机制，科学规范地造就合格的青年教师"，帮助青年教师"又好又快地专业发展"。这样，就从制度上保障了所有青年教师都得到有效的帮助，而不再仅仅依赖教师个人的天赋、机遇或者"贵人相助"。

附 1—2   "三达标"的考核标准

"三达标"的内容，包括三个方面，即教学规范达标、德育规范达标、教育能力达标。"三达标"的具体考核标准如下。

1. 教学规范达标

教学规范——指教学工作必须遵守的基本规范，包括备课与设计、课堂教学、反思与总结、批改作业与辅导、评价与考核五项内容。

（1）备课与设计——掌握学科课程标准，理解教材，确切了解学生的知识基础和学习能力，确定合适的教学目标，制订教学计划，科学设计教学流程和教案（教案要写明授课主题、教学目标、课前准备、教学过程、板书设计及作业练习），准备好相关教具和实验。

---

① 史密斯. 全球化与后现代教育学 [M]. 郭洋生，译. 北京：教育科学出版社，2000：28.

（2）课堂教学——有序地执行教学计划，基本完成教案设定的教学目标任务。教师精神要饱满，语言要规范，能调动和保护学生的学习积极性，课堂教学秩序正常。

（3）反思与总结——每堂课上完后，要分析教学得失，写教学后记；章节教学任务完成后，要归纳有效方法，写教学小结；每学期或半学期写出教学总结，探索教学规律，改善教学行为。

（4）批改作业与辅导——批改作业及时、认真、正确，符号要规范，打分与批语要实事求是，以鼓励为主。作业中的错误要求学生订正，典型错误要记载，对作业情况要讲评。对优秀生和学困生的辅导都要有计划、热情诚恳，重视指导方法、启发思维，不加重学生负担。

（5）评价与考核——通过课堂提问、学生作业、练习、个别交谈等形式，了解学生学业进步状况。能按照课程标准和教学内容，完成规定的命题任务；能认真指导学生复习，认真阅卷评分，认真分析讲评，实行激励评价和多元评价，促进学生积极自主发展。

2. 德育规范达标

德育规范——指从事中小学德育工作（担任班主任、团队工作或者参与班级集体建设和学生管理工作）必须遵守的基本规范，包含依法执教、热爱学生、团结协作、尊重家长、廉洁从教、为人师表六项内容。

（1）依法执教——拥护党的基本路线，全面贯彻国家教育方针，自觉遵守《中华人民共和国义务教育法》《中华人民共和国教师法》等法律法规，在教育教学中同党和国家的方针政策保持一致，不得有违背党和国家方针、政策的言行。

（2）热爱学生——关心爱护全体学生，尊重学生的人格，平等、公正地对待学生。对学生严格要求，耐心教导，不讽刺、挖苦、歧视学生，不体罚或变相体罚学生，保护学生的合法权益，促进学生全面、主动、健康地发展。

（3）团结协作——谦虚谨慎、尊重同志，相互学习、相互帮助，维护其他教师在学生中的威信。关心集体，维护学校荣誉，共创文明校风。

（4）尊重家长——主动与学生家长联系，认真听取意见和建议，取得支持与配合。积极宣传科学的教育思想和方法，不训斥、指责学生家长。

（5）廉洁从教——坚守职业情操，具有奉献意识，自觉抵制社会不良风气的影响，不利用职责之便谋取私利。

（6）为人师表——模范遵守社会公德，衣着整洁得体，语言规范健康，举止文明礼貌，严于律己，作风正派，以身作则，注重身教。

3. 教育能力达标

教育能力——由德育能力与教学能力两方面有机组成，均包含专项能力、活动能力、指导能力、研究能力四项内容。

（1）德育能力——指从事德育工作（担任班主任、团队工作或者参与班级集体建设和学生管理工作）、组织德育活动、完成育人任务过程中应具备的能力。

①专项能力——从事德育工作必须掌握的基本能力（占40%），包括：管理（调控）班级的能力、转化后进生的能力、共同解决集体问题的能力、与任课教师（班主任）协作的能力、汲取社会信息的能力、与家长沟通的能力等。

②活动能力——创建合格班集体，组织教育活动的能力（占20%）。

③指导能力——班级心理健康教育指导和家庭教育指导能力（占20%）。

④研究能力——了解学生基础，初步研究德育工作的能力（占20%）。

其外显通常表现为：所带及所任教班级的班风正、学风好、人际和谐、凝聚力强，组织指导各类实践活动、竞赛活动获奖，各方反映良好等。

（2）教学能力——指从事学科教学、落实教学计划、完成教学任务的过程中应具备的能力。

①专项能力——具有在任教学科方面必须掌握的教学基本能力（占40%），包括应用现代教育技术的能力和如下相应内容。

语文：分析教材能力、写作能力、写字基本功、普通话基本功。

数学：建模和解题能力。

外语：能用规范的英语组织教学，具有相应的英语听、说、读、写能力。

物理：解题能力、实验操作能力。

化学：解题能力、实验操作能力。

生物：实验操作能力、制作生物标本的能力。

历史：有科学的史学观，掌握正确的史实，有绘制、运用各种历史地图的能力。

地理：有熟练运用和绘制地图的能力，指导学生野外考察、调查的能力。

体育：有掌握田径、球类、体操等基本运动项目的知识和基本技能技巧。

音乐：熟悉乐理基础知识，有演唱、演奏、识谱、用谱的基本技能，以及分析评价作品和排练节目的能力。

美术：了解各类美术表现形式和方法，对美术作品有鉴赏和评述能力，具有一定的绘画表现、工艺制作、雕刻、书法等基本技能。

②活动能力——具有学科教学活动组织能力（占20%），主要是指教学目标把握、教学过程设计、教学内容确定、教学方法选择、学科教学评价等方面的能力。

③指导能力——具有结合学科教学指导学生开展第二课堂活动的能力或指导学生进行研究性学习的能力（占20%）。

④研究能力——初步具有结合自己业务实践进行学科教学研究的能力（占20%）。

其外显通常表现为：教学质量接近或超过平均水平，会编制有一定质量的试卷，组织指导相关活动并获奖，学校和社会反映良好等。

有了如此具体的目标和内容、清晰的考核指标，青年教师的发展就有了目标、方向和落脚点。"三达标"的考核由区教研中心组织实施。具体做法是：区教研中心负责建立由分管领导、学科教研员组成的达标考核小组；之后，由考核小组制订出相应的考核评分细则。参加考核的教师所在的学校，则应该在同意某位教师参加考核后，根据该教师的实际工作情况提出建议分值，并为上级达标考核小组提供相应材料及数据。达标考核小组则根据学校所提供的相关材料和数据，对被考核教师做出"合格"或"不合格"的判断结果。不合格者还要重新接受考核。

"三达标"，也为学校帮助年轻教师成长指出了方向和具体内容。为了保证新手教师的顺利成长，学校往往通过可操作的活动帮助青年教师实现"三达标"。例如，结合"青蓝工程"推进，采用师徒结对、同伴互助、集体共进等方式，帮助青年教师外塑形象、内练真功。在滨湖区，"青蓝工程"已经形成了一套成型的机制，从配对到拜师，从拜师到学艺，老帮新、老带新，为青年教师的成长提供了一种实实在在的有效机制。在学校里，经常能够听见年轻教师说，"我师傅建议我把这节课这么处理"、"我师傅让我先回去再磨磨教案"。在东绛实验学校，"青蓝工程"被视为提高教育教学质量、实现学校可持续发展的重点工作来落实。学校帮助老师结"对子"，以"老"带新，聘请那些教育经验丰富、教学能力强的教师，让他们帮助新入职的教师。为了更好地落实这项工作，学校还成立了"青蓝工作"领导小组，由校长直接担任组长。

二、希望之星——点亮青年教师的师者之路

一个地区的教育教学水平，光靠几个特级教师是不够的。因此，全面提升所有教师的教育教学水平，尤其是提高年轻教师的水平，才是建设教师队伍的正道。年轻教师在经历了初入职的适应和基本功达标之后，要想进一步发展，还必须有自觉的提升。如果说"三达标"是基础，每位教师都必须要"达标"的话，那么成为学校的骨干、再进入"希望之星"青年教师研修班就是进一步的提高了。

"希望之星"青年教师研修班的学员主要从已经"三达标"并已成为校级骨干的青年教师中选拔。早在十多年前，郊区教育局（滨湖教育局前身）的领导就在思考如何能够打破优秀教师成长的"自然"模式，让优秀教师自觉快速地成长。教育局领导当时的重大决策就是成立"希望之星"青年教师研修班，自觉地培养一支青年骨干教师队伍，为全区教育发展奠定坚实的基础。青年教师迅速成长、成为"希望之星"，是很多青年教师的努力方向和目标，而"希望之星"青年教师研修班的培训目标也很明确——在三年内，使参加"希望之星"班的教师能成为区级、市级骨干教师。

"希望之星"也有明日之明星的意思，希望广大青年教师能够成为滨湖教育的骄傲。1992年开始，滨湖区（原郊区）在全区范围内选拔了一批优秀青年教师，组成最早的"希望之星"班，并委派区教研员担任指导老师，集中力量对他们进行为期三年的在职培训。二十几年来，"希望之星"班重视培养学员师德教品、敬业精神，着力提高学员的教育理论修养和综合教育能力。学员们紧密结合教学实际苦练内功，每年在班内都要举行七八次会课活动，让学员轮流上课、说课，并在每次会课时花半天时间认真评课。

沈晓东老师是"希望之星"班最早的学员，他介绍说："'希望之星'班使教师的成长状态从原来的自发学习变成了团队学习。'希望之星'班实行导师制，培训的方式跟导师的个性和个人安排相关，但大体上的模式是以课堂教学研究为主，辅以推荐图书自学的方式。导师听课，学员之间互相交流，之后由导师总结、点评，这每月一次；平时就以阅读导师推荐的书为主要学习方式，在学习过程中写文章、做总结。一期'希望之星'班为期三年，每个学员每年能够讲一堂公开课。"就这样，边实践、边学习、边研究，理论联系实际，切磋交流、集思广益，使学员们受益匪浅。正如"希望之星"吴丽芳老师所说："最让我难忘的是在'希望之星'班学习的三年，王中敏老师给予了我最大的帮助与鼓励。他的教导使我明白什么是真正意义上的教育，什么是真正的创新。也就是从那一个阶段起，我才清醒地意识到今后的教学之路该怎样走——放开手，还孩子真实的自我。""希望之星"班已经成为青年骨干教师互相学习、共同研究发展的优秀集体，是青年教师专业发展的一级最重要的"阶梯"。

十几年来，学习班广开"师"路，不断"请进来"、"走出去"，观摩名师上课，组织参与各类学术活动，让学员直接与大师对话，请高人指点。如南通市小学语文界前辈、被誉为特级教师的老师的张祖彤老师，著名特级教师于永正、胡道清、杨秀兰、亓浦香、顾美云、丁谷怡等，都对他们进行过直接的指导和帮助。同时，"希望之星"班的青年教师们从市内到省内，甚至远赴上海、杭州、徐州、深圳等地上公开课，从中获得不少宝贵的经验。正是这样扎实有效的学习培训，使学员们逐渐成为全区教学、研究的中坚力量，涌现出一大批杰出的青年教师。

附 1-3　希望之星[①]

为学生成长需要服务——"希望之星"强洪权

在上海市浦东新区第二中心小学会课现场，一位年轻教师正引领学生理解、体味一篇感人的文章——《秋天的怀念》。听课老师有三四百人，会聚了上海市的小语专家。会场里显得很安静，大家不知不觉地都融入课堂上师生的情感交流中去了。

---

① 根据《滨湖教育》2002 年第 11 期《希望之星》采集整理而成。

课后，上海市著名特级教师万永富给这位青年教师的评价是："高水平、高质量、高效益，尤其是在语言运用上颇具功力，几乎做到了言无废语，语无废词……"

这位深受好评的青年教师，就是语文"希望之星"班第二届学员强洪权。

还孩子真实自我——"希望之星"吴丽芳

吴老师师范毕业后就投身于小学语文教学。吴老师善于对不同体裁的课文，组织不同的教学。她说："我给自己每堂课最多确定1—2个教学目标，让学生在40分钟内实实在在地完成或读、或写、或说的训练。孩子们还小，过多的教学目标，会养成孩子多而不实、走马观花的学习习惯。每堂课上完，我总要问自己：你教给学生什么啦？他们又学会了什么？答案明确而肯定，那这堂课我成功了；如果答案模糊不清，那我就该好好反思了。"

燃烧课堂——"希望之星"王东

王东的师傅——著名特级教师于永正评价王东执教的《船长》一课时说："教者钻研教材如此之深，把握文眼如此之准，教学情感如此之具有感染力，让我感到后生可畏。"说起语文教学，王东也有着独特的精辟理论："语文在其具有工具性的同时还有着人文性的深层内涵。语文课堂教学应该关注它的本质，要大刀阔斧地取舍，披文入情，取其精华，牢牢抓住情感这个学生个体精神大厦中最具深沉、稳定性的核心特质，以读促悟，以悟育情，又以情激悟，在体验中内化，在内化中升华。"精练的话语中充满了激情和睿智。他是这样思考的，也是这样实践的。

"上王老师的课，我们就不想下课"，这是学生的心声；"听王老师的课，总是让人感到酣畅淋漓"，这是听课老师的评价。

超越自我——"希望之星"钟友军

对于上公开课，钟友军老师有着自己独到的见解：上公开课无所谓成功与失败，重要的是这堂课有没有体现自己深层的思考与全新的教学观念。理念是精髓，课只是载体、例子。

"观念决定方式"，这是钟老师常挂在嘴边的一句话。于是，他在实践中探索规律，从教法、学法的揣摩到情感体验；用理论指导自己的实践，从小学语文不同文体阅读思路教学模式研究到小学协同教育的整合性思考，他在不断地自我反思，自我否定，自我超越。

"希望之星"班为什么会培养出大批杰出教师呢？秘密就在于，它能使教师认真地研究教学活动。正如苏霍姆林斯基所说："如果你想让教师的劳动能够给教师带来一些乐趣，使天天上课不至于变成一件单调乏味的义务，那你就应当引导每一位教师走到从事教研的这条幸福的道路上来。"

"希望之星"班，虽然只能有部分教师有机会进入，但是"星星之火，可以燎原"。"希望之星"既是对优秀青年教师的肯定，也赋予了他们影响、带动身旁教师共同发展的任务，更为他们实现更高水平的发展提供了助力。

区教研中心的王华民老师在《探寻一条适合年轻教师专业发展的阳光大道》一文中，系统回顾总结了"希望之星"的创办以及成果，同时也介绍了"希望之星"班的延伸——"中学数学写作培训班"的创办过程及成果。

附1-4　探寻一条适合年轻教师专业发展的阳光大道

一、创办"希望之星"班

1. 办班背景

学校在发展，年轻教师的队伍在扩大。滨湖区和其他地区类似，在现行中小学教师的构成中，年轻教师占有很大的比重，一般学校占50%—70%。他们的素质及教学能力对学校的发展至关重要，如何培养呢？

教师刚从师范学校毕业的三年，必须要过"三关"，依次为"教学常规入门"、"课堂教学过关"和"教学能力达标"，实践证明，它确实是培养年轻教师的一条重要而有效的途径。过"三关"后，一些有潜资的"新苗"会脱颖而出，中、青年教师有省、市级的骨干教师培训班，但其间存在一个断层，如何有效弥补呢？关注这一群体，为过"三关"后有潜力的年轻教师提供一个学习和交流的平台。滨湖区（原郊区）教育局和教研室的领导，审时度势，构想了"希望之星"班。1992年春天开办了第一届，一路走来，现在进行的是第五届。

2. 组建班级

我于2003年8月来到滨湖，赶上筹备第四届"希望之星"班。如何组建班级呢？教研中心研究后决定一般按学科设班，如中学语文、小学语文、中学数学、中小学外语等；若学科人少，则几个学科合并，如理化生综合班、政史地综合班等。先由教师自愿报名，经学校审核，再报区教研中心审批。时间每期为两年，经费共 2000 元，由个人、学校及教育局各分担三分之一，并制定了较为严格的班级管理制度，实行优奖劣汰制，按"游戏"规则进行，优秀学员自己一般不用掏钱。这样三方既承担责任，又承担义务。下文以第四届中学数学"希望之星"班（简称"数学班"）为例加以说明。

3. 拟订计划

数学班有学员 14 名。每学期班主任都要制订一个具体的计划，以下呈现的是该班的一个计划（2005 年 1—7 月）。

滨湖区第四届中学数学"希望之星"班学习计划

时　间	内　　容	地　点	责任人
1 月	开班、撰写论文讲座（邀请江苏教育出版社编辑进行讲座）	育红小学	黄一敏 王华民
2 月	信息技术讲座（规范、明确学员的要求、任务、布置假期作业）	育红小学	吴仁昌 王华民
3 月	作业交流、检查、案例评点及撰写	蠡园中学	王华民
4 月	探讨习题课教学（请两位学员上课、评课交流），整理改进教案	东绛中学	王华民
5 月	探讨新课教学（请两位学员上课、评课交流），整理改进教案	梅梁中学	王华民
7 月	评比教学案例、读教学后记和论文；班级工作总结（一学期）	滨湖中学	王华民

4. 活动进程

记得 2005 年 1 月第四届"希望之星"班开班典礼，中小学的 200 多名学员聚集在育红小学的大会堂，聆听江苏教育出版社的一位资深编辑关于撰写论文方面的报告，还有一些互动，气氛热烈。

数学班的每次活动，班主任都精心策划和组织，认真倾听学员的建议。活动内容主要是课例研究，每次一个专题（如新授课、习题课、复习课等），其操作程序为：在某一个学校的上课现场，一般进行的是同一内容的两堂课，一堂是区内骨干教师的课，一堂是学员的课，通过观察、对比和思考，班主任老师和教学能手点评，学员谈不足。课例研究使教师的收获颇丰。另一项辅助内容是写作培训，主要围绕课堂教学做文章——写教学后记，把课堂的亮点、反思记载下来、抽空再整理；两年中还进行了 2 次命制试卷的培训。每次活动后，班主任都布置相应的作业——撰写教学后记或案例，大部分学员能完成任务，少数任教毕业班的学员则通过假期弥补。每年每位学员要交上 3—4 篇文章。

活动一般是在滨湖区各中学轮流进行，其间还安排 2 次到省、市名校去参观、听课。数学班在 2006 年 12 月到南师大附中树人中学听了初一、初三年级的各一堂课，并与数学教师同行进行了交流。它让大家见识了一流民办中学的课堂师生活动的场景，从而让大家可以欣赏不同风格的课堂，开阔教育视野，增长见识。

5. 考核、收获

依照预先制定的考核标准：出勤、论文案例发表和获奖、课堂教学评优课情况及教学成绩等，评选本年度的优秀学员。数学班两年来 14 人中有 7 人被评为优秀学员，按等第奖励 300—500 元；其他学员考核合格后发放结业证书，作为继续教育和评审中级职称的重要依据。

数学班的学员通过两年的培训、学习，受益匪浅。（1）评优课在区里获奖的，本班学员占三分之一；在市里获奖的，本班学员占一半。（2）不少学员的写作水平提升较快，如何勇、殷玲、周建平等优秀学员，有多篇在省、市、区获奖、发表（见下表）。（3）每位学员的课堂教学水平都有不同程度的进步，而且不少教师任教毕业班，其中成绩突出的有过锋、周韦宇、何勇、殷玲、王美、张杭嫣等。进步最快的当推翁寿峰，他由开始的迟到、活动缺席，经过两年的培训，结束前已经获得区评优课和论文发表、获奖的双丰收，被评为优秀学员。（4）评价水平也有较大提升。从第一学期开始，班主任就要求每位学员都要争取在评课中发言，所以后来班主任的点评逐渐减少，使学员的交流机会增加了、体会更深了，最后在华庄中学的那次评课活动，每位学员都发言了。一位学员在总结时说的话——"能参加'希望之星'班这个集体是一种荣幸，更是一种挑战。我将努力，一如既往！"，代表了全体学员的心声。

滨湖区第四届中学数学"希望之星"班部分学员获奖、论文发表情况汇总

姓　名	学　校	获奖情况	论文发表情况	校级以上公开课
殷　玲	太湖高中	省二等奖2篇 全国三等奖1篇	—	区一等奖 市一等奖
何　勇	格致中学	市二等奖2篇	市级1篇	区二等奖
周建平	格致中学	区一等奖1篇 市二等奖1篇 省二等奖2篇	区级2篇	区二等奖
翁寿峰	华庄中学	省三等奖1篇	区级2篇	区一等奖 市二等奖
过　锋	东绛中学	—	区级1篇 市级1篇	区对外 公开课
王　美	蠡园中学	市三等奖1篇 区二等奖1篇	—	区二等奖
周进荣	蠡园中学	区二等奖1篇	区级1篇 市级1篇	对外开课
钱玉玲	梅梁中学	区二等奖1篇	—	对外开课
秦梅芳	太湖高中	省二等奖1篇	省级1篇	区一等奖 市三等奖

二、创办"中学数学写作培训班"（"希望之星"班的延伸）

1. 办班设想

根据"希望之星"班学员和部分骨干教师反馈的需求信息：对论文、案例缺乏系统认识，难以捕捉写作素材，而评中、高级职称及评教学能手和学科带头人等都需要它，得知大家都渴望在此方面得到帮助。在第四届中学数学"希望之星"班有过此方面的一些尝试，但受益面不广。为了提高资源的利用率，使更多的教师受益，在2007年底区教研中心的一次创新论坛上，我提出创办"中学数学写作培训班"的设想，以作为"希望之星"班的延伸，当时就得到了区教育局吴甸如副局长和教研中心黄一敏主任的肯定，申报方案立即得到批复和实施。考虑到一线教师的实际，培训班以

写作实践为主（指导写、修改、评讲），并辅以一定的理论，最终确定理论与实践内容之比约为 2 : 8，计划通过讲座和互动的形式，将写作实践的过程——如何捕捉写作点、如何修改、如何投稿等，一一呈现给学员。具体是通过聘请无锡市有名望的特级教师来班讲座，带来先进的教学理念及教研成果，把我区数学教师写作的突出代表——钱云祥、张锋等的研究思路、方法及成果与一线教师共享；让学员每月练笔，三人修改、点评，以给学员有效训练的机会。

2. 组建班级

经过大家对照条件与自愿报名，经学校同意、教研中心审核后，开始编班、备案。共开设了两个写作培训班，有 95 人参加：一个是初级班（A班），一个是中级班（B班）。初级班作为普及班，是对 3—6 年教龄的年轻教师进行培训，共 55 人，主要目标是：（1）为中级职称提供服务；（2）提升写作兴趣，发现写作的新苗。中级班作为提高班，是对评上中级职称 2—4 年的中、青年教师进行培训，共 40 人，主要目标是：（1）为高级职称评审提供学术方面的支持；（2）提升教科研水平，为日后晋升为教学能手、学科带头人等打基础。讲座时合班听讲，交流、修改论文时分班进行。培训班根据撰写论文的情况实行淘汰制——经过两轮淘汰，2 年后有 54 名学员结业。

3. 操作进程

新学期开学不久的 3 月 22 日下午，在教研中心十楼会议室，中学数学写作培训班进行了简短的开班典礼，黄主任、两位教员钱云祥和张锋、我及 95 名学员出席。而后，我进行了第一次讲座：撰写论文的基本要求、格式及标题拟定。

之后的四学期，每月活动一次，雷打不动，一般安排在每月中下旬的周四进行，四学期共 17 次。第一年以讲座为主，由我主讲，钱云祥、张锋辅讲，同时每学期聘请一位无锡市有名望的数学同行——先后聘请了江苏省特级教师、教授级高级教师钱军先、华志远、何志奇，特级教师杨志文，进行论文、案例撰写方面的学术讲座。讲座的主题分别有：浅谈如何捕捉写作素材，撰写教研论文的"源"与"流"，撰写课堂教学细节，如何提炼方法、归纳素材，教学案例的撰写，教学计划与实录的撰写。在讲座中，主讲老师曾多次对某一篇案例给时间让学员思考自己会怎么写、作者又是怎么写的，以有一个对比、优化和灵感发现的过程。

第二年是以学员谈体会和小组交流相结合为主，以讲座为辅。培训班先后请了作品水平较高或进步较快的学员张伟、何勇、周建平、储东花、李维明、陈锋和大家谈体会、谈困惑，学员受到很多启发。曾有两次的学习分成8个小组进行，每人把自己的某一篇习作打印成若干份，同组的学员先看一遍，提出一些修改意见，再安排水平较高的组长负责，这样通过同伴互助取得较好的效果。培训期间也会征求学员的意见进行形式的改进。

每次活动都布置有相应的作业——一篇论文或案例，要求每月写点片段，2个月上交一篇完整的稿子，由我、钱云祥、张锋三人分工修改，并写上评语、给出分数（类似于改作文），以激励学员。下次讲座时会安排时间对学员的习作进行点评——有对整体立意的点评，有对细节撰写的点评，也有对规范表达的点评，以及如何投稿，并把每次修改的情况通过信箱及时反馈给学员。

此外，培训班还利用滨湖教师研修网这一平台，将部分新作及修改进行展示；在研修网上协作组的专题讨论区，对评优课、评新秀课、评能手课等的一些环节设计和处理进行探讨，大多数学员都参与了讨论。这样不仅增加了研修网的人气，提高了大家课堂教学的艺术性，还有益于我们的写作——我和钱云祥老师的不少案例都源于这些素材，有的就直接吸取了奚勇斌等学员的建议而发表。真可谓教学相长啊！

4. 一组数据

经过两轮淘汰，培训班由开始的95人，变成最后的54人；不过每次因事请假的不足5%。54人共交了300多篇文章，人均约6篇，不过个体差异很大，多的可达30—40篇，少的仅有1—2篇。我们对这些文章每篇都有修改，有的略，有的详，有的多次返回（3—4次），并在班上点评了20多篇学员习作。

5. 成果展示

54名学员共发表文章176篇，其中在省级（国家级）期刊发表50篇；省级一等奖4篇；市级期刊发表11篇；省级二等奖、市级一等奖26篇；以及区级期刊发表，市级二、三等奖，区级一、二、三等奖等85篇。

由此可见，平均每位学员在省级（国家级）期刊发表一篇论文或获省级一等奖；平均每位学员发表、获奖文章超过3篇。再看发表或获奖面：54人中有46人发表或获奖，达85%，超过预期指标25个百分点。

值得一提的是，我们敢于接受江南大学的邀请，在4个月内完成撰写"课堂问题诊断与教学技能应用"丛书初中数学分册32万字的任务，就缘于对该写作班资源的充分利用。我们从中选出4位学员（张伟、何勇、储东花、李维明），加上我们3位教员及格致中学鞠金海主任，组成了8人的写作团队。从2008年1月接到任务，用了一个寒假和3月、4月两个月，完成该书，于2008年7月由中国出版集团世界图书出版公司正式出版，得到江南大学教育学院、市教研中心有关领导和专家的高度评价，一些数学教师同行也踊跃订阅该书。

6. 学员的话

在对历时两年的写作班的总结中，有的学员把写作培训班比喻为一道美味大餐；对于大部分学员而言，他们感觉这是一次写作的经历，经历就是财富。学员朱维君说："虽然培训期间的学习即将结束，但终身的学习还在继续，这次培训就像一抹浓浓的绿意，带给我无限希望！"学员陈中华在研修网上的跟帖里说："在这两年里，我想每位学员都有很多的收获，虽然有的写得多，有的写得少，但真正影响每位学员的，应该在今后。"学员储东花的跟帖为："王老师，我们会以你为榜样，在写作之路上越走越远！"这不正是我们办班所期盼的吗！

学员何勇这样总结"一路走来"——

（1）一路走来，我是幸福的。幸福就是站讲台时间久了，有机会重新坐在教室里听课，看着讲台上的王老师传道授业解惑，低头记笔记时好像一下回到了大学时代某个平静的下午。

幸福就是每次学习时，看到很多亲切的面孔，激动地说：嘿！

幸福就是看到自己的文章变成了铅字，收到邮局发来的稿费时，对着同事大喝一声：兄弟，今天我请吃羊肉。

（2）一路走来，我是幸运的。在写作班学习的过程中，很有幸地加入了案例写作的团队。幸运的是，在寒假期间通过网络得到了王老师、钱老师及张老师的帮助，逐渐对数学案例撰写有了更进一步的认识。

（3）一路走来，我是充实的。勤于收集、勤于积累，两年的写作班学习历程让我感觉到了充实，同时收获了很多——聆听了许多专家的教诲；

结交了不少新的朋友;强迫自己在文字中去寻找乐趣,在乐趣中完成一个个小小的美丽经历;重要的是,它不仅使我的笔尖变得顺畅,而且让我亲身体会快乐科研,开始享受科研。望着标志自己进步的点点滴滴,我想由衷地说:感谢写作班!

这些发自学员内心的话,让两年一路走来的我感到欣慰;助人为乐,让我再次得到体验。当然要感谢教育局和教研中心领导及同事的大力支持,给了这个平台;要感谢全体学员的辛勤付出,使其硕果累累;还要感谢一直关注这个班级的所有热心朋友。

中学数学写作培训班是"希望之星"班的延伸,有不少学员两个培训班都参与了。结果显示:教学、科研突出的学员有何勇、周建平、周进荣、张杭嫣、王美等,其中何勇、周建平分别被评为市教学新秀和教学能手,又双双被聘任为格致中学教务处的副主任,工作充满活力。

可见,创办"希望之星"班及延伸班,是一条适合年轻教师专业化发展的阳光大道。年轻的教师,在滨湖这片教育的热土上,沿着这条大道奋力前行,都将获取成功。

三、名师工作室——没有终点的教师专业发展之旅

据小学数学名师、江苏省特级教师沈晓东介绍,"名师工作室是以学科来组织的,是一个长期班。比如语文班,十几个人很多年都跟随王老师一起交流学习,目的就是进一步提高骨干教师的教学能力,比'希望之星'班要高一层次。名师工作室给教师创造了更多的学习交流的机会。每个学科的活动都是由导师组织的,活动不定期举办。各个学科的特点各不相同。最早的名师工作室只有三个,就是小学语文、数学、英语,工作室的创立是根据导师的资源来挂牌,导师需要是名师或者特级教师,学员都是市级骨干教师"。

2006 年名师工作室启动时,只有三个,即小学英语教学丁晓伦工作室、小学语文教学王中敏工作室、小学数学教学沈晓东工作室,现在已经开设了小学、中学共 9 个名师工作室。

名师工作室有严格的遴选程序:本人申报、学校推荐,经区教育局同

意、工作室主持人考核选拔，最后签订协议才能成为学员。

名师工作室坚持四条工作原则：

（1）零导师原则：创造平等研讨的氛围，导师与学员是平等的；

（2）零错原则：在工作室里，任何与教学有关的想法都可以拿出来交流、讨论，不追究对错，崇尚创新和研讨；

（3）倾听原则：尊重发言者，即使不同意也要耐心听完；

（4）反驳原则：工作室的成员不随大流、不盲从，要坚持自己的观点，也允许不同观点并存。

名师工作室采用"师徒制"、"徒弟带徒弟"的培养模式，最大限度地发挥名师的影响力和辐射范围。

名师工作室有一整套工作内容：

（1）为学员"量身定做"培养发展规划；

（2）读书自悟；

（3）学习研讨；

（4）随堂听课；

（5）专题研讨；

（6）撰写博客；

（7）积极参赛；

（8）聆听名师。

名师工作室这一系列做法，用小学语文教学名师工作室导师王中敏的话来说，就是要培养最优秀的教师。对于这些进入名师工作室之前就已经是区里的优秀教师的学员，名师工作室又能以什么样的方式来帮助他们"更上一层楼"呢？名师工作室的导师们各自给出了他们自己的理解。

（一）读书·读人·出课·出文

小学语文教学名师工作室导师王中敏说，这些老师都是滨湖区的优秀老师，是无锡市教学能手级别以上的，层次较高。因此，他成立这个名师工作室时，有针对性地提出了四条要求：读书，读人，出课，出文。

读书——

　　书读得少，底气就不足。对这些有更高要求的老师来说，要想继续提升，往上走，就要多读书，否则底气不足，上不去。所以，我就先带着大家从文学史开始读，这有助于语文能力的增长。我们搞了几次，也做过诵读，效果还是比较好的。当然读书也不单单只读文学类的，还要读一些教育类的著作以及其他的理论著作。我要求大家自己选择一些有分量的书，数量不在多少，重要的是要真正读进去。还有一些当代教育方面的杂志，像和我们语文教学联系比较紧密的《小学语文教学论坛》《小学语文教师》。读了以后，我们定期开交流会，也要求发到网上，开个笔会。笔会这个活动本身对老师的写作能力也是一个锻炼。我们这些老师不怎么能写的缘故，主要是不常写。写文章是这样的，不写就生疏。文章是写出来的，写作能力是培养出来的。小孩子也是一样。所以我们把网上的笔谈作为读书交流的重要形式。

读人——

　　读人是什么意思呢？搞语文教学，要有一种比较宽阔的视野和比较高的追求。我们要看当今语文教学舞台上领先潮流的、最优秀的老师的课堂教学，要读他们个人的著作。全国特级教师于永正教育思想研讨，是我们刚做完的活动。我们已经搞了八届，把全国最有名的特级教师、名家都请来过——几乎涵盖了所有的教育家、名人。老师和大师一起上课，让老师们看课，之后评课，同时结合阅读这些特级教师的教育著作。这样能够开阔老师的视野，也让老师从理论到实践，更清晰地感受到一些东西。

出课——

　　所谓出课，是对他们自己的要求。课堂教学是他们终身的追求，不管走到哪里，都是他们最基本的成绩，所以要研究的东西真的很多。一年我们举办六至七次会课活动——上午选4个老师上课，下午评课，认认真真搞一天。评课很重要，不能光看热闹和表面，要真正说出好在哪里，不好在哪里，让他们好好打磨，让他们自己审视有什么不足。所以课堂教学是我们一直坚持不放的，是我们最重要的活动。我们出了很多名师，获得了很好的成绩——全国一等奖、江苏一等奖，出了经典课。一个老师一生上出代表作一样的课，是非常重要的。一堂好课带给老师的启迪，是里程碑式的，能带着你走很长一段路。

出文——

还有一个就是出文。上次我也讲过这个观点，一个普通老师和一个优秀老师，一个名家大师和一个一般的老师，一个教育家和一个普通教育工作者，区别在哪里？根本区别在于，是否有自己的思想，有自己的教学思想，有相对稳固、成熟的教育思想。也许我们在教学第一线的老师的思想和理论家、思想家的有些不同，它是在实践层面和理论层面不断思考凝练成的理性认识，但是它有非常独特的价值，甚至有很多理论无法替代的价值。于永正老师就是这样的例子。教育理论说得非常复杂的事情，他经常用很简单的语言就能表明，说得很清楚。"字是练出来的，书是读懂的，文章是写出来的"，这是于永正送给孩子、送给老师的三句话。其实这三句话包含了很多，这三句话概括了小学语文教育的基本目标追求。"字是练出来的"，是包括写字和积累的问题；"书是读懂的"，不是你告诉的，也不是讲懂的；而"文章是写出来的"。这些对于小孩子来讲，也是最基本的，你抓住不放，真正练好了，课标的标准就达到了。这三句话，把语文最基本的特点说清楚了。说白了，语文就是实践性很强的一个学科，练、读、写的问题解决了，学生的主体性问题也就解决了。我觉得比起理论家，他把很多东西简化了、说明白了，还把很多问题落实了。你看他没有什么花架子，没有观赏性，但是有些课也是很有创意的，而且课都是非常纯朴的，都是抓这些方面的。所以，我觉得挺有意思的。他也有思考的，对最重要的问题概括得很清楚。

（二）课题是载体

在迅猛发展的现代社会，教师必须面对复杂的矛盾情境。一方面，社会变革迅速，教育也面临着新问题、新情境；另一方面，教育活动又相对独立稳定，有相对稳定的内容和一套相对稳定成熟的方式方法。在这样的境况下，教师必须既坚持教育活动自身的特点，又能够持续关注社会的最新发展，吸收最新的科学知识，把握教育活动发展的方向。如果没有持续而深入的学习和研究；或者墨守成规、不思变革，与时代相脱离；或者没有定力，被各种新奇时髦所宰制，就不可能从事高质量的教育实践。因此，鼓励教师学习、研究，就成为必要。名师工作室重视课题研究，视课题研究为教师学习、思考和研究的载体。

这里所说的课题研究，既不是为了研究而研究，也不是为了评职称而研究，更不是为了获奖而研究，而真正是为了解决教育问题、寻找教育规律所做的研究。名师工作室的课题，是来自教师自己实践过程中遇到的问题；课题研究的过程，是教师们带着问题一次次主动实践、思考的过程；课题研究的成果，是教师们自己的实践总结、体会，是学习、研究、实践互相渗透而来的体悟。

进入名师工作室的教师必须承担一定的课题任务。名师工作室恰恰给教师们提供了一个平台：他们的课题有相当一部分受到在工作室讨论的启发；课题研究遇到问题，可以向工作室的导师、同学请教，一起讨论；课题研究的成果可以在工作室中得到深度分享。

（三）学习是一辈子的事情

学习并不是一件轻松的事情。语文特级教师吴伟昌说：

现在的教师事务繁忙，压力不小，时间不多，这确实是个现实问题，几乎每位教师都不可能避免。但如果每位教师为自己树立的标杆比较高，自律比较严，工作的标准比较高，读书、学习的时间就会有了。

即使减少休息和娱乐的时间，每天也要挤出时间用来看书。作为一个想做好教师、成为优秀教师的人，一定得注重自我素质的提高、自我专业上的发展，不读书是根本不行的。

在名师工作室学习的教师们，常常提到终身学习的概念，表露出对学习的渴望和执着——

我觉得教师当一辈子都不会到顶，没有最好。

每个人都会上课，但并不是每个人都能上好每一节课，这就需要我们不断学习、进步。

看看书、杂志，写写东西，已经成为我生活的一部分，分不开。

吴伟昌老师还强调，书海无涯，读书是需要选择的。读书要有一定的指向性，要始终和自己的工作、教学和研究结合起来。他认为，这种读书方式是最有效的。他经常阅读的有《辞源》《辞海》《现代汉语词典》等大型语文工具书，也经常阅读人物传记类的书，还读教育理论方面的书，如王荣生的《语文科课程论基础》、王尚文的《语感论》、李海林的《言语教学论》等，这类书在理论层面上虽然比较抽象一些，但对实际的教育教学有指导作用。

吴伟昌老师说：开卷有益，以书为伴，读教相长。教到老、学到老，学习无止境。

（四）在"有深度"的实践中寻求进步的空间

课堂教学实践是名师工作室特别关注的。王中敏、沈晓东、丁晓伦三位名师工作室的导师，都非常强调教学实践的重要性。在他们看来，一定要给教师创造条件和机会，让他们进行"有深度"的教学实践活动。

所谓"有深度"的教学实践，不是未经过思考和反思的课，而是灌注着教师的深度思考并有创造性的课，是有研究、有实验意味的教学实践。

具体表现和要求是：上课之前，必须有充分的准备，备课环节要扎实，不能放松；上课时要和学生有良好的互动，聆听学生的回答，感受学生的状态，把握教学时机；课后，能够得到导师或其他老教师的指导，及时获得反馈、征求意见，与同事相互交流讨论和切磋；自己要不断地反思、琢磨，不断寻找最好的方法去完成教学工作。

名师工作室每年组织多次这样的活动，教师们就是在这样的实践、反思、总结再实践的持续不断的过程中，获得进步的——

我们平时以课堂教学研究为主，从学校层面组织全体老师来观摩，来参与讨论。我们把名师工作室的活动都放到基层，我们的会课活动很受欢迎。我们名师工作室上课，都是到学校去，学校都很欢迎他们。最后要把这些优秀教师的资源辐射（到周围的教师），形成一个优秀的团队。①

名师工作室还组织学员多听课、听好课，并进行深入的学习和研讨——

我们也带教师听一些课，如去杭州参与权威性很强的"千课万人"活动，向来自各地的名师学习交流。那次一共听了30多堂课。我们希望把这种活动组织得再好一点，所以去年我们回来之后就在网上评课。以教师研修网为平台，在网上不断琢磨名师课的特点并且相互交流。这样，等于我们把短期培训纳入长期思路，不是听完课就结束，大家说这个课上得好就完了，而是把别人优秀的地方琢磨出来，整理出来，切切实实地学习，真真正正地落实在实践中。②

中学数学名师工作室的王华民老师总结说：

每一次听课后，大家都在现场交流，围绕教学目标、设计的合理性、操作的有效性及教学细节进行评议，之后延伸到研修网——名师工作室协作组继续评议。经过碰撞，大家相互受益，水平提升。……工作室成员平常交流多，工作室、餐厅、网络、电话都是交流的载体。评课、交流，一需要有氛围；二需要有基础，工作室成员要利用休息时间，自我充电；三需要有机会表达，每次活动都让每个成员说，大家的评课水平普遍有所提升。

中学数学名师工作室在立人高中展开活动

①② 来自笔者 2011 年对王中敏老师的访谈。

这样"有深度"的教学实践，催生了许多可见的研究成果。

"中学数学名师工作室"论文发表情况（2012.2—2012.6）

论文名称	发表刊物、级别、作者	时　间
在问题驱动下学习，在局部探究中感悟	《中国数学教育（高中版）》（王华民、朱光伟）	2012.3
关于解读教材中目标定位问题的一点思考	《中学数学教学参考（上旬）》（核心期刊，王华民、徐科、周德明）	2012.4
教学设计的效能分析与提升	《中学数学教学参考（中旬）》（核心期刊，王华民、王韶荣）	2012.4
关注教学细节，促进长效发展	《数学通报》（核心期刊，王华民、梁莉娟、徐科）	2012.5
听数学复习课，享"美食"大餐	《上海中学数学》（王华民、周星宇）	2012.6

而这些研究成果的产生，又进一步促使教师更深入地思考教学实践、改进教学实践，也使教师成为更有职业追求的教师。名师工作室的一位老师说：

没有追求，教师充其量就是一个教书匠，或者甚至就是应付应付日子罢了。做这行，就应该把它做到最好，至少努力去把它做到最好。而且这个是没有顶的，没顶就是一生执着奋斗的价值和方向，活得就有滋有味有意义，不会那么浑浑噩噩。所以，教师专业发展是没有终点的。

四、教育家书院——融入生命的教师发展

"教育家书院"由北京师范大学教育学部组建，由时任中国教育学会会长的北京师范大学资深教授顾明远任院长。教育家书院致力于培养和造就一批批品格优秀、业务精良、职业道德高尚、有创造性、有个性的教育家。2010年教育家书院成立时，滨湖区派来三位优秀的校长（园长）进入书院学习、研修。

为什么要进入教育家书院呢？第一批来书院学习的邱华国、潘望洁、

李燕是这么说的：

许多登山爱好者面对人们询问"为什么要去登山"时，他们有一个最经典的回答："因为，山在那儿。"

每次，在夜深人静之时，踏上北上的动车，我们总会叩问自己：我们为何而往？——"因为，山在那儿。"一座教育的高山——北师大，在那儿。

对于她，我们总是"高山仰止"。不曾想到，在那座高山之上，会建起一座教育的圣殿——教育家书院。我们三位校长，借着滨湖教育这块高地，幸运地成为教育家书院的第一批兼职研究员。

我们带着领导们的期待，带着滨湖教育的精彩，带着教育理想的追寻，结伴而行，走向山那儿……

三位校长在教育家书院投入地学习，也正因为这样的投入，他们才越发深刻地感受到了"书院"的独特魅力。他们说："我们开始不把教育家书院当作一个普通的培训机构，而是一个寻求教育真谛的精神家园。"在这里，他们听讲座、讨论、争辩、做学校诊断、在国内外进行教育考察、与合作研究员共同开展课题研究……

仅以讲座而言，2010 年 4 月—2012 年 4 月，滨湖区三位校长（园长）在教育家书院听过的就有（见下表）：

滨湖区三位校长在教育家书院听过的讲座（2010.4—2012.4）①

序　号	主讲人	题　　　目
1	卢乃桂	教育家的知情意
2	顾明远	学习和解读《国家中长期教育改革和发展规划纲要（2010—2020 年）》
3	沈湘平	哲学何谓与何为
4	李春青	中国文人审美趣味的历史演变
5	贺晓星	文化与教育：弱势群体教育研究的社会学视角

① 关于教育家书院讲座的具体内容可参阅《教育家书院丛书·聆听系列》，其中前两辑《读书与教书》《文化与教育》已分别由教育科学出版社于 2013 年 5 月和 2014 年 11 月出版。

序　号	主讲人	题　　目
6	伍新春	汉语字词教学与阅读能力发展
7	孟　捷	金融危机后的政治经济学
8	陈嘉映	西方哲学的渊源与发展
9	张建华	俄罗斯：一个帝国两个时代与一群知识分子的两场际遇
10	文　喆	读书与教书
11	白峰杉	数学的文化价值
12	石中英	同情与价值教育
13	吴　岩	科幻与学校教育漫谈
14	于述胜	中国的教育传统
15	丛立新	毛泽东晚年教育思想
16	陈向明	教育质性研究的思路与方法
17	杜育红	学校管理策略
18	黄荣怀	社会信息化背景下的学习方式转型——从"知识精加工"到"知识贯通"
19	史静寰	以学习者为中心的积极教育学
20	任长松	美国基础教育最新动态
21	檀传宝	德育是什么——基本概念分析与德育实效的提高
22	施建农	个体差异与因材施教
23	谭　斌	漫话教育故事
24	罗跃嘉	脑与认知科学
25	刘良华	教育叙事研究
26	蔡伟忠	中西文化发展对我国教育价值取向的反思
27	陈建翔	镜像神经元及其隐藏的奥秘
28	张雁云	中国濒危动物保护
29	吴康宁	今天我们怎样做教师
30	宁　欣	地理环境与中国历史发展大势
31	刘　力	人际交往与亲密关系
32	韩立新	新 MEGA 与马克思研究
33	王　晨	20 世纪以来西方教育思潮及其争论与教育改革
34	肖向荣	漫谈舞蹈之美
35	晏　辉	德性与教化

在教育家书院听国内著名哲学家陈嘉映（右四）教授讲座（左一为潘望洁校长）

育红小学的潘望洁（左二）校长带领教育家书院的同学俞正强（右三）校长参观学校

水秀幼儿园园长李燕（右二）向前来参观的俞正强（右一）校长介绍幼儿园

滨湖区的三位校长（园长）在书院的学习中，认真总结自己多年来的教育教学及管理经验，并通过多种渠道传播自己的教育理念。他们在光明网的访谈视频，引起了众多关注。此后，邱华国的选班实验多次在《人民教育》《中国教育报》上被报道，而潘望洁、李燕的学校（幼儿园）改革实验也多次被《中国教育报》报道。

2010年5月，邱华国、潘望洁、李燕三位校长（园长），受邀到光明网接受采访。在访谈中他们分别表达了自己对于儿童、对于教育的思考，迸发出诸多可贵的精彩论点。以下是他们接受采访的主要观点摘录，从中能够看到他们脚踏实地的探索，从而领略他们远大的追求。

邱华国精彩语录

（1）选择是促进教育均衡的一个十分重要的途径。

（2）教育是一种提供课程的服务。

（3）让孩子自己选择适合自己的班级。

（4）我们不能够做到真正意义上的因材施教，那么我们就尽可能地做到因类施教。

（5）我们用这样的四句话来形容关于教育的整体思路：起点有标线，目标看得见，进步有台阶，超越无极限。

（6）家长没有接受家庭教育培训就教育孩子，就如同在高速公路上无证驾驶。

邱华国校长接受光明网的访谈

潘望洁精彩语录

（1）培养"书香学生"，首先老师必须成为"书香教师"。

（2）阅读对孩子的影响，我想是终生的。他可能不会马上体现在学业成绩上，但是对孩子的影响是潜移默化的。一个读书多的孩子，他的精神气质会有所不同的。

（3）儒雅是靠书籍来积累的。

潘望洁校长接受光明网的访谈

李燕精彩语录

（1）孩子要获得什么，必须要经历过、体验过才会有感受。有了感知才能成为经验，才能成为他成长过程中自身产生的知识或者情感。

（2）"小脚印"教育最重要的核心元素，体现在一个"亲"字上。

（3）"小脚印"教育的教育宗旨是"让每个孩子都有一个最佳的人生开端"。

（4）教育服务理念是"以儿童为中心，以家庭为基础，以社区为支撑，共同让孩子有一个发展的环境"。

李燕（左一）园长接受光明网的访谈

他们的共同感悟是："先进的理念是行动的先导，可空有理念却仅只是一堆僵化的死的东西。因此我们必须让自己的理念与实践相结合，使理念扎根于实践，在实践中生根发芽，进而又生发、完善理念。"

三位校长（园长）在教育家书院与笔者（右二）讨论、交流

　　"三达标"、"希望之星"班、名师工作室、教育家书院……这些都是滨湖区为教师持续的专业发展搭建的阶梯。有了这样的发展阶梯，教师们便有可能从入职起就得到外力的帮助，从而有可能自觉地从一个初入职的教师成为合格的教师，成为骨干，成为名师，成为有思想、有个性的教育家。

　　在区域范围内组建一支优秀教师队伍，必须有一套成熟的、相互支撑的教师专业发展的保障机制。这样的一套机制，既要能够保证教师队伍的整体建设，又要有利于充分发挥教师的主动性。滨湖区的实践说明，教师队伍建设与教师个人发展不仅不矛盾，而且是相辅相成的。组建一支优秀的教师团队，必须关注教师个体的需要；而教师个体的发展，也不可能脱离他所在的教师队伍。正是在一个优秀的团队中，个人的发展才会是自觉而快速的。滨湖区的教师专业发展实践，探索出了一条培养优秀教师团队的道路。这样的道路，正是现代教师发展的自觉之路。

第二章

扎根在教育实践现场

　　滨湖区在区域教育现代化、优秀教师团队建设方面，是开风气之先的。滨湖区的眼界之开阔、思路之新颖、方法之可行，令人赞叹。2012 年暑假，钱江局长在电话里建议我去看一本民国时期出版的《环球旅行记》：近百年前，无锡人寒厓①就开始游览西洋，向国外先进的教育学习了。这是一本好书，值得一看。

　　滨湖教育人的开拓和先锋，或可以寒厓的环球教育考察做参照。

　　寒厓为什么要做环球教育考察？走访了哪些国家？他在"自序"里说得很明白。

附 2-1　《环球旅行记》自序②

　　余之好游也，始念拟遍游中国，而后作欧美游。以全国游毕，为幼稚

---

　　① 孙揆均（1866—1941），字叔方，又名道毅，号寒厓，江苏无锡人，孙继皋第九世裔孙。少孤，随兄嫂生活。1889 年与吴稚晖、纽永建、丁福保、田其田等负笈江阴南菁书院，1894 年（光绪二十年）中举。官内阁中书、军机章京。1902 年（光绪二十八年）春，和吴稚晖一起携子女由上海赴日。后因"吴孙事件"被驱逐出境。孙揆均回国后，任甘肃兰州道台衙门文案。1908 年于杭州孤山觅得一墓地，有石刻"岁寒厓"三字，遂自号寒厓。1928 年夏北伐完成后，国民政府定都南京，孙任江阴县县长。孙文人出身，主一县之政，非其所好，不久便辞职，调任中华民国大学院任秘书。后国民政府废大学院恢复教育部，孙揆均任教育部简任秘书。1941 年 6 月 30 日，孙揆均因病去世，终年虚龄 76 岁。——摘自《状元孙继皋》（孙寒华撰，无锡市史志办公室、政协无锡市崇安区委员会、无锡市政协学习文史委员会、无锡市档案局编）。

　　② 寒厓．环球旅行记 [M]．无锡：无锡竞志女学校，1925：1.

园毕业；以世界游毕，为国民学校毕业。乃屈指卅年来，仅游行省十六、特别区三，而云贵川桂甘新之六省、热河川边之二特别区，犹未尝往游。

今乃欲作环球游者，是幼稚园未毕业，已越级豫修国民学校之课矣。此喻虽不伦，然余冒险孤行之决心，固一往直前、无稍畏葸。儌使经济困绌，言语艰难，群以为斯行之可笑，在爱我者且相劝阻，以为苦行之可危，皆不以余之游也为然，乃余锐进之念，不容挫减。于是筹措进行之方，筹集款项，调查同乡亲友留学欧美者，为余译助。复以赴美登岸之不易，办理护照验病签字等手续之周折，往返京沪宁锡者，两阅月，然后整装出发，才达余漫游之目的。

暮春三月，由沪鼓轮东行，过日本，渡太平洋，抵美之西方。既登岸，横新大陆而东，凡所止之埠六：日西雅图，日三蕃市，日芝加哥，日华盛顿，日波士顿，日纽约。由美而渡大西洋，历英之伦敦及苏格兰，法之巴黎及里昂，过比利时，抵德之柏林，由柏林而游瑞士，抵意大利之罗马，而还法之马赛，乘船而经地中海，入苏彝士运河，过红海，泊非州埃及之朴赛港及法属之吉波的港，渡印度洋而登锡兰之哥伦布岸，经南洋群岛，而北行越南之西贡，入七洲洋，而至香港。返掉沪江，则江浙风云方起，卧病沪寓者凡两旬。

秋风八月，绕道还乡。屈指时日，自春而秋，凡百五十七日；海陆舟车，环球九万零七百里；耗费金钱，三千百七十枚。自问所得者几何，仅此旅行记六卷，藉邦人旅外者之译助，竭余五阅月之心思脑力，以及形骸肢体之痛苦艰难而成之者。东鳞西爪，何足窥管豹之全；美雨欧风，因窃叹驹隙之过。他日者，补修幼稚之课，或再作修学旅行。余之游未竟，即余之苦学犹未已也。

今则既载余笔，聊征行迹于一时，自勉他年，重扩智囊于世界，是以覆瓿遗讥，绝不之顾，拈毫抒写，或有所裨耳。自弁数言，敬贡阅者。

时民国十三年十月病骥自序。

那么，寒匡做欧美教育考察的动机是什么？想要达到什么样的目的？他在《环球旅行记》第一卷第一章《旅行以前之杂志》的第一节《旅行欧美之动机》以及第二节《旅行欧美之目的》做了详尽的交代：

附 2-2　寒厓关于欧美教育考察的动机和目的①

　　自美化输入，新潮日涨，昔之东化，渐有变迁。新制实行，仅见于地方著名之数校耳。教学法之日新月异，是否确有把握，此倡彼和，怀疑之点尚多，顾百闻不如一见。而个人之目光不同，故非自往彼邦，考察一切，何足以解决种种之问题，此吾旅行欧美之动机一也；以美英法德之学制不同，国性不同，必有各自适宜之教育，以应用其国家主义，陶冶其国民性者，故既往美国考察，又必往欧洲各国，加以参考，此吾旅行欧美之动机二也；以吾年逾半百，对于社会服务之精神，日见衰颓，倘不趁此时而出游，恐精神上对于复杂之社会愈不足以肆应，此吾旅行之动机三也；有鉴于他人游美者，崇拜美化，与昔日东游者崇拜东化同，然皆偏而不全耳，故以吾思之，与其崇拜一国之文化，偏而不全，不如周知各国之潮流，多所选择，此吾旅行欧美之动机四也。于是环球之行，意志乃决，向往之心，坚贞不拔矣。

　　昔人旅行南洋群岛，以菲律宾群岛为美国之雏形。迨吾往菲岛，旅居月余，始知菲岛情形，并不如某君记载之言，且所见所闻，各有目光之不同，所记未可概论，是以吾此次旅行欧美目的所在。亦当然有与先我游者，彼此不同也。爰将考察目的，分述如下。

　　（一）吾中国近日所缺乏者：公众之道德、社会之精神。吾欲考察欧美人之公众道德如何，社会精神如何。目的一。

　　（二）吾国今日所缺乏者：教育。吾欲考察欧美之教育，约分为五种：（甲）小学教学之实施；（乙）中学教学之实施，及师范教学之实施；（丙）女学之训育教学与男子教育不同之点；（丁）女子大学组织程序；（戊）地方教育行政之组织，社会教育之实施。目的二。

　　（三）欧美风俗及生活程度，并所设施之教育制度，是否合于吾中国今日之国性人情，及教育社会者。目的三。

　　以上三端，为此行考察之正目的，尚有附带之副目的二。

　　（一）瑞士山水风景，为世界第一；罗马美术古蹟，为世界最著而亦最多。此行当往瑞意两国一游览之。目的一。

　　（二）吾国青年男女留学欧美者日众。好学深思之士，发明创作之才，

---

① 寒厓.环球旅行记［M］.无锡：无锡竞志女学校，1925：1-2.

到处皆有。此次窃欲周知其姓氏，网罗其著作成绩，为地方储才计，藉识其人，而扬其名，所以为将来救助社会国家谋也。目的二。

以上二端，为扩充眼界，为鉴别人才，故有此两副目的也。

寒厓环球旅行的所见所闻，对今日已然全球化的我们来说，已经不新鲜了。钱江局长之关注此书，也并不是为了当年的见闻，而是寒厓环球旅行的动机与目的；钱江局长之关注，令我钦佩的，也不只是他找到了一本书，而是他对教育考察之于开阔眼界的作用的重视。

滨湖区之所以能够培养一大批优秀的、有思想和干劲的教师，能够建立一支有活力的教师队伍，从根本上说，是因为他们对教师的专业成长有深刻的认识，因而能够超越通常简单的教师培训模式，开创性地发展出一套系统的、扎根于教育实践的教师专业发展模式。

滨湖区教师的成长固然与教师个人的努力分不开，但是不能不说，滨湖区所创造的教师专业发展模式，滨湖区对教师专业发展的整体规划和积极推动，也发挥了相当大的促进、提升作用。与其他短期的教师培训相比，滨湖区的教师发展模式在时间、地点、内容、方式、人际关系、规模等各个方面都有自己的特点（见下表）。这些特点，体现了教师专业发展的内在特征，创造性地解决了短期培训一直以来难以解决的问题，真正把教师专业发展与教师的专业实践有机地结合在一起，即教师专业实践的过程就是他专业发展的过程。正如 D. Britzman 所说："学会教学——正如教学本身一样——是一种过程……在此期间，一个人做了什么，他就能够学到什么。"[1]而这样一种模式，我们可以看作一种教师专业发展的"精加工"模式。

将教师在职发展作为一个专门的领域来关注，是一个巨大的进步。它摆脱了完全依赖职前师范教育的思路，意识到教师的发展是一个伴随着职业生涯的持续的过程。但是，广泛的做法，却通常诉诸简单的短期脱产培训或学历提高教育，这样的思路和做法，只能说是表面的、形式化的所谓教师培训，未能与教师的教育实践结合起来，也很难做到触及教师的职业核心，只能说是粗放的、简单的教师培训模式。滨湖区的教师专业发展，则是扎根在真实的教育实践现场，把教师能力提高与改进、改善教育实践

---

[1] MCLNTYRE, O'HAIR. 教师角色［M］. 丁怡，马玲，等，译. 北京：中国轻工业出版社，2002：1.

结合起来，于是，教师能够自觉地去学习理论、自觉地展开教育实验、主动地去变革改造实践，这样的模式，可称为"精加工"模式。与短期培训相比，它的特点尤其鲜明。这种"精加工"，是相对于短期培训的粗放与初级而言的。这里的"精"，是精益求精，是扎根于教育实践现场、基于目标的个别化和个性化的精耕细作，是触及教师工作内在本质的、持续不断的、多向互动的一种教师专业发展模式。具体比较见下表。

滨湖的"精加工"模式与短期培训模式的比较

维度 \ 模式	滨湖的"精加工"模式	短期培训模式
时间单位	学期、学年、职业生涯全程	小时、天
地　　点	学校教育现场	远离学校现场
内　　容	扎根于实践的现实问题，基于教师经验基础上与外来理论的相接	外来理论
实施方式	多种方式、双向（多向）互动、教师作为发展的主体	讲座、单向传输、教师作为知识的接收者
人际关系	紧密、相互了解、重要性他人	松散、互不了解、陌生人
规　　模	小规模、个别化	大规模
加工方式	深而广的精加工	宽而浅的粗加工

第一节　教师专业发展的"精加工"实践模式

　　滨湖区的这种教师发展的"精加工"模式，简单地说，就是扎根于教学实践现场的模式。这种模式不仅表现在促进教师持续发展的层级性、阶梯式的教师专业发展实践中，更体现在以扁平方式关注教师日常实践的专业发展实践中。滨湖区探索创造的"三达标"、"希望之星"班、名师工作室、教师成长基地等，是"精加工"模式的典型代表。尤其是教师成长基地，可以说是滨湖区一直以来实施的"精加工"模式的升级版。

　　以往的教师专业发展模式，往往是通过关注教师个人的发展来带动教师群体的发展，而教师成长基地，则开辟了一条新的道路，即通过校际教师的教学交流，实现教师群体发展的一条新道路。

一、教师成长基地的价值追求：全体教师都得到发展

2011 年 9 月，滨湖区首个教师成长基地学校培训班在无锡市育红小学举行，这是扎根教师教育实践、基于学校间教师教学交流、实现教师集体发展的一种教师专业发展模式。

教师成长基地的价值追求，可从教师成长基地的工作目标以及整体运行过程分析出来。

教师成长基地的工作目标是：

（1）探索滨湖区骨干教师培训新途径；

（2）通过培训，提高学员的课堂教学技术水平和学科专业素养；

（3）提升学员教科研水平；

（4）促进滨湖区学校教育教学和文化交流。

一个成长基地，就是一所学校。作为基地的学校要提供相应的条件，包括某些指导教师；而参与培训的教师则要在基地完成一定的教学任务，并完成相应的培训任务。在首次培训班上，全区 15 名小学语文、数学、英语教师参加了培训。每个学员都必须完成育红小学一个班的教育教学任务。

在这里，培训与教学实践完全是一体的，教学本身就是培训。学员在基地参加的"培训"，主要不是短期集中的理论或技能的培训，而是在日常的教学实践中，与特级教师一起工作、研讨。学员的教学就是在指导教师的指导下完成的。

育红小学的朱颖老师是教师成长基地的第一批学员，她所写的一篇教学反思——《老师的"给"　学生的"悟"》，道出了在特级教师李美华的指导下，她对课堂教学的改进。

附 2-3   老师的"给"   学生的"悟"
———《高尔基和他的儿子》教学反思(节选)

　　《高尔基和他的儿子》一文行文流畅、内容简单、情感真挚、意境深远。而我在解读时,却把父亲对儿子的爱和儿子对父亲的爱绝对地分裂开了。整节课下来,感觉都是我在给孩子灌输,而学生自己悟的不多。课后,特级教师李美华老师给了我中肯的意见,帮我重新理了思路。李老师说:"最好的教练就是要让观众看不见你,但比赛场上依然精彩。"这句话同样适合我们的语文课堂。在课堂上,我们要牢记学生是主体,学生是主人,而老师的参与,只是引领、点拨,再加上适当的评价,才能促进学生的发展。

　　在修改的教案中,我设计了……通过前后内容的有机联系,学生懂得了高尔基想要告诉我们的道理,从中体会到了一位伟大的作家、一位善施教化的父亲——他正是抓住了生活中的点滴小事来教育儿子,要做一个对他人、对社会有用的人——的良苦用心!

　　老师不是传授知识的权威,而是学生阅读活动的伙伴和指导者。正如陆志平先生所说,"把'点拨'、'启发'、'引导'、'激励'留给自己,把'阅读'、'理解'、'领会'、'体味'、'品味'、'感悟'留给学生"。

　　正是指导教师的点拨,使朱老师悟到了教学的真谛,从而自觉地实现了教学改进。

二、教师成长基地的运行:扎根教育实践

　　教师成长基地有严格的培训方案,还有具体到时间、地点、人物、活动主要内容的"培训行事历"。以下是参加教师成长基地第一批培训的雪浪中心小学教师周懋芳的培训记录,即《滨湖区课堂教学改革计划和实施记载手册》,从中可以看到基地准备工作的细致、实施过程的扎实。这份手册包括"滨湖区学校教学常规基本要求"以及需要学员填写的"教师基本情况表"、"当前课堂教学主要优势和不足分析"、"学年度课堂教学改进目标和改进措施"、"体现'课堂教学改进'的案例记载"、"参加校本研修活动

记载"、"课堂教学改进学期小结和学校评价"等几大部分。

从手册的内容来看，"教师成长基地"的运行模式，充分体现了"扎根教育实践"的教师专业成长模式的现实性、针对性和个性化，体现了扎实、持续、朴实的作风，是"精加工"模式的典型体现。

附2-4 周懋芳老师所填表格的主体部分

......

二、当前课堂教学主要优势和不足分析

主要优势分析：

我能正确把握教材，抓住课文的教学重、难点来认真分析每一篇课文，能根据本班学生的实际认知水平设计适合学生的教学思路；善于倾听学生的发言，关注每个学生在课堂中的表现，注重调动学生的学习积极性；比较重视写字能力的培养，利用课堂时间引导学生仔细观察生字的间架结构，有重点地进行强调、分析，边讲解边示范，在当堂写字中发现问题、解决问题，力求使每个学生不仅能把字写对，而且书写规范、端正，进而达到整洁美观的效果。

主要不足分析：

1. 教学中我深感自己的知识体系不够丰厚，教育教学中的创新意识还不够。课堂上有些问题太简单，学生思维得不到锻炼。

2. 在语文教学中，由于长期任教低年级，因此比较重视字、词的教学，而忽视句、段的教学。要合理地将字、词教学和句、段教学融合起来，才能更好地让学生理解课文内容。因此，本学年要注重在课堂中抓住重点句、段的分析理解。

3. 教会学生大胆质疑。

三、学年度课堂教学改进目标和改进措施

改进目标：

1. 在课堂教学过程中要提有价值的问题，留时间给学生思考，训练学生的思维能力。

2. 提高对课堂教学过程的控制能力。

改进措施：

1. 课前做好充分的准备，仔细挖掘教材，把课堂还给学生。减少老师说的时间、范围，给予学生充分思考、讨论的时间。课前准备充分了，抓住了文章的主线，就不会面面俱到了，就会避免进行烦琐的文章分析，把文章分解得支离破碎，致使学生产生厌烦心理。

2. 在利用导语阶段，尽量选择契合学生要求和兴趣的导语，这样既便于学生理解和感悟，也能在课堂开始就很好地调动学生的积极性。

3. 提问始终是可以贯穿于整个课堂和可以增加学生参与度、使学生真正成为课堂主体的有效手段。要充分利用提问，在引导方面多下功夫，不提倡灌输，而是靠学生自己提问、自己体会，即使提问结束，也要注意点评学生的回答，可从回答中引出问题，然后解决问题。

四、体现"课堂教学改进"的案例记载

案例1：三拼音节（略）

案例2：关于朗读（2011.11.23）

起步阶段听孩子读书——两个字：心焦。

读得太慢。

拖腔——所有轻声。

破词——词组读成字。

破句——换行转弯处。

如果遇到连着两个字都是轻声，教室里的读声一定不整齐。

于是，一个词一个词地跟读——耗了半节课，要提醒快的慢一点，慢的快一点。

半句话半句话地跟读——又耗了半节课，把容易错的圈出来，再练。

开火车，一个一个练，一句一句练——口干舌燥。

可是，刚才连着两节课的练习已经整齐了，中午一读，拖调又恢复了一半——于是，再读再练。

今天全班过关，只有5个孩子把轻声读准了——郁闷。

但毕竟比上周好多了，争取每天多一个过关的孩子吧！

晚上作业朗读要求：1. 轻声拖调，没有一带而过；2. 破词、破句，词语要连起来一起读；3. 读书应该和说话一样自然。

明天，再耗上一个中午过关和练习吧！

案例3：（略）

五、参加校本研修活动记载

序　号	日　期	地　点	活　动　内　容	主持人
1	2011.09.14	办公室	拼音教学方法交流	陆　华
2	2011.09.29	会议室	讨论研究方向的教学改进计划	钱春蕾
3	2011.10.13	公益阶梯教室	中年级作文研讨	方　芳
4	2011.10.27 2011.10.28	会议室	学员第一次集体公开课及评课	陆　玲 李美华
5	2011.11.10	阶梯教室	期中考试分析与改进措施	李美华
6	2011.11.17	阶梯教室	专家课堂观察指导	李美华
7	2011.12.09	公益阶梯教室	学员研究课（同课异构）	王一娴
8	2011.12.15	阶梯教室	学员研究课（同课异构）	李美华
9	2011.12.20	阶梯教室	语文名师课堂教学观摩、讲座	钟友军
10	2011.12.22	阶梯教室	期末复习指导	王一娴
11	2012.02.23 2012.02.24	阶梯教室	学员研究课	李美华
12	2012.03.29 2012.03.31	阶梯教室	学员研究课	李美华
13	2012.04.05	阶梯教室	智慧课堂　魅力语文	郑　霞
14	2012.05.17	公益校区	学员汇报课	李美华
15	2012.05.24	龙山校区	学员汇报课	李美华
16	2012.06.14	龙山会议室	论文写作指导	赵　军

六、课堂教学改进学期小结和学校评价

个人学期小结：

2011—2012年是不寻常的一年。我有幸成为滨湖区教师成长基地培训班的一员，领略了理论与实践相结合的全新培训模式——别样的培训，别样的收获。这一年来，我担任的是一年级的语文教学，这一年的教学我主要从识字、阅读、写字三个方面展开。

（一）识字教学：万丈高楼平地起（略）

（二）阅读教学：熟读深思子自知（略）

（三）写字教学：绝知此事要躬行（略）

学校评价：

评价人签名：

评价人职务：

年　月　日

三、教师成长基地的考核：促进教师的全方面发展

参加教师成长基地的学员，在培训期满、完成相应的任务后，也要接受相应的考核。与其他考核不同，教师成长基地更重视对学员进行全方位的考核，尤其重视检测教师教育教学能力是否有了提高。根据这样的思路，教研中心制作了考核表，并给出了操作性的考核建议。（见下表）

无锡市滨湖区教师成长基地成员考核表

2012 年 6 月

姓名		性别		出生 年月		培训 时间	
培训 科目		原工作单位					
培训期间所承担的主要教育教学工作							
培训期间所取得的教育教学成果	研讨课						
	教学反思						
	学科研究课题						
	优秀教案						
	撰写论文						
	培养学生						

个人小结	
学校评语	负责人签字： 年　　月　　日
考核等第	负责人签字： 年　　月　　日

说明：关于滨湖区教师成长基地学校学员考核建议

1. 培训期间学员考核由培训基地学校负责；

2. 学员考核结果由基地学校提供给学员原单位，学员年度考核时作为学员所在学校教师平均工作量进行考核（考核不合格者除外）；

3. 获得"优秀学员"称号的学员各校再适当奖励；

4. 具体实施中各校可根据学校实际情况做个性化处理。

滨湖区第一批教师成长基地学校培训总结表彰会
（左为教研中心主任黄一敏，右为教研中心副主任钱春蕾）

扎根教学实践、密切联系教学而开展的教师培训，对于教师来说，收获是巨大的。我们来看一位学员（周懋芳）在培训结束后的汇报。

附2-5　教师成长基地工作汇报（节选）

怀着几分期许，几多憧憬，我有幸成为滨湖区教师成长基地培训班的一员。带着校领导的信任与支持，我来到育红小学开始了忙碌而又充实的教学生活。我们是光荣的，同时我们也倍感责任之大。我们是科任教师，上好每一堂课是我们的本职；我们是德育工作者，护导员工作我们都尽心尽责；我们还是一名培训班的学员，每一次活动我们都积极参与。我们非常珍惜学习中的每一天，虽然每天都忙碌着，但过得很充实、很快乐，一路走来充满着惊喜，积攒着收获！

一、专家引领，鲜活我们的教育理念

在学校和领导们的精心组织安排下，我们得以与专家们面对面地座谈、交流。朱红飞书记的《基于教育原点的追问》，深入浅出地唤起大家对高效课堂教学的思考；教研员凌国伟老师的《新课程解读》，从数学老师的角度别具一格地解读语文教学；区语文教学专家王一娴老师、特级教师李美华老师作为我们的导师，对我们更是循循善诱，为我们答疑解惑、指点迷津……更有幸的是，上个星期我跟随名师班的成员们一同前往西子湖畔，参加了一场小语界"千课万人"的盛会——一节节大师的展示课，一场场精彩的讲座，一次次面对面的交流，让我的视野变得更为开阔，让我的思想变得更为先进，更让我的心灵得到了洗礼。

二、潜心教研，增长我们的教学技艺

课堂，是老师们耕耘的天地。……我们聆听了李美华老师的两堂示范课，独特的教学设计、有深度的思维启迪、学习素材的充分挖掘、课堂氛围的积极调控，使听李老师的课成为一种享受，在她身上我们学到了很多。

根据培训计划安排，我们学员的课堂教学研讨活动也是极其丰富的。开学初，我们每人拍摄了一堂录像课；10月27日、28日，我们开展了第一次集体公开教研课；11月2日，我和叶薇老师两人参与了名师工作室在华庄中心小学的会课活动；11月15日，我们龙山校区的三位老师又上了一次专家课堂指导课；11月16日，叶薇老师还代表滨湖区参加了省五城区青年教师会课活动。对每一节课，我们都反复解读教材，精心设计，不断试教修改。我们在导师的引领下，从课前的教材分析、教学设计到最后的展示，经历着导师们的"专家门诊"、学员们的"会诊"以及"自我诊断"的过程，这是一个"痛并快乐着"的过程。教后导师的评析指导精准独到，直指要害；同伴相互探讨，共同提高，这对我们的课堂执教能力的提升起到不可忽视的作用。每次修改都有新的收获、新的提高，从这里让我深深感受到"好课多磨，磨出精彩的课堂"。

上好课的同时，教研中心副主任钱春蕾老师还给我们提出了更高的要求，不仅会会上课，还要会评课。李老师更是倾其所有地引导我们如何进行论文写作，鼓励我们多动笔，从片段写起，从反思写起。相信经过一年的培训，我们的教学技艺和创作水平都能有更全面的发展与提高。

三、同伴交流，强化我们的思维碰撞

在成长基地培训还有个很大的收获，就是认识了许多朋友、师长。……我们很快融入了育红这个大家庭，老师们也不见外。平时，大家会针对教学中存在的问题畅所欲言，相互交流学习，有好的资料大家共同分享。而我们培训班的同伴们更是相互帮助，共同提高。每次听完课后都是能者尽言，在同伴面前阐述自己的观点，交流自己的经验，提出自己的疑惑。思维火花的碰撞让我们受益匪浅。我深信，在未来的教学路上这些都将是一笔宝贵的财富。

培训只是一个手段，培训只是一个开端，对于培训给予的清泉，我要让它细水长流……

第二节 "精加工"模式所需的支持力量

滨湖区的"精加工"模式之所以能够成功实施，不仅因为有符合现代教师专业发展的先进理念，也不仅因为有一套制度保障、有专门的教育研究发展中心来负责实施，还因为有一批水平高、专心敬业的教研员，有学校内部的组织支持。我们选择了滨湖区教研中心及几个学校的做法，来看看他们是如何支持扎根实践的教师专业发展的。

一、教研员：教研员要做好"七个一"

教研中心主任黄一敏对教研员核心能力的要求，如"一堂课"、"一张试卷"、"一篇文章"、"一个课题"、"一个团队"、"一个网上工作室"、"一盘棋"等，正是对滨湖区教师素质的要求。可以说，滨湖区的每一个老师，都需要通过这样的历练来成长，而这样的成长又需要有这样一批教研员的带领。

附 2-6　教研员能力之我见（节选）[①]

第一，"一堂课"。这是教研员姓"教"的本质体现。这里所说的"一堂课"包含三层意思。一是"备好课"，教研员要有大的课程观，在教学理念、课程标准、教材分析、教法学法等各方面进行自己独立的思考与设计，在教材的"用"字上做文章。二是"上好课"……我们提出教研员"走进学校，走近学生，走上讲台"，把先进的理论解读为"普通话"，把实践中涌现出的鲜活的"珍珠"编织成美丽的"项链"。可以说，教研员只有站得稳讲台，才能真正发挥引领教师、指导教学的作用。三是"评好课"，听课、评课是教研员工作中的一项基本内容，通过听课可以了解教师素质情况、教与学情况，有利于总结教学经验，寻找教研的角度，促进教改的实施；评课是对听课过程中获得信息的分析评价，是听课活动中地位最重要又最关键的一个环节，通过评课可以评判得失，激励闪光点，汲取经验教训，引导教学。评课要明确评课的原则和要求。评课要有新意、有创意，不能停留在"三分成绩、三分不足、三点建议"的"老三篇"上。……

第二，"一张试卷"。出好"一张试卷"是教研员学科专业水平综合实力的体现。教研员要根据不同的教学环节，在把握教材特点、理解课程标准、了解学生基础、熟悉教师情况、吃透考试精神的前提下，出好课堂教学反馈卷、形成性测验卷、阶段考试卷、中高考模拟卷等不同类型的试卷；同时搞好日常测试研究、高考试卷分析研究、中考研究、学业水平测试研究及考试功能研究等。

---

① 摘自黄一敏 2012 年在江苏省教研室主任高级研讨班上的会议交流稿《教研员能力之我见》。

第三，"一篇文章"。教研员姓"教"名"研"。首先，教研员要有强烈的研究意识。我们提出教研员要进行"八项研究"，即"研究教材、研究教师、研究学生、研究自己、研究专家、研究理论、研究实践、研究课堂"。有研究才有成果，才能提升理论水平，引领课程改革，形成教研品牌。其次，教研员要有一定的写作能力，我们所说的"成果，水平，品牌"不是空洞的东西，它的重要标志就是研究成果的"物化"——论文。对教学视导后，能够准确、完整地写出视导总结；对学校教学工作的情况，能够全面地分析和通报；对教学中的典型案例，能够做深刻的剖析与引导；对自己教学工作中的所思所想，能够写出较好的研究文章。

第四，"一个课题"。教研员的工作很多，但是，工作要有方向有重点有突破。所以，教研员必须结合自己的工作主持"一个课题"。目前，我区有市级以上规划和教研课题 280 个，由教研员领题的课题有 15 个；另外，我们还为每个重点课题配备了教研员作为联络员和顾问，参与课题的研究与实践。

第五，"一个团队"。教研员周围有一批教有所长的教师，他们是学校教学的中流砥柱，也是搞好学科教研的骨干力量。教研员要成为一个学科的领军人物，每个学科多则上百人，少也有几十人，带好这样一支教师队伍，需要有坚强的骨干力量支撑。因此，培养一批结构合理、相对稳定、充满活力的骨干教师队伍是教研员工作的重要职责。

第六，"一个网上工作室"。随着现代科学技术的迅猛发展，信息交流的不断扩大、电脑技术的广泛应用，已成为现代文明和社会进步的标志，教研员要适应时代的要求，不断提高自己在教育科研和教学管理等领域应用计算机获取信息和处理信息的能力，从而及时、准确、快捷、高效地完成各项工作。我们在 2007 年 8 月与"中国教师研修网"合作建设了"滨湖教师研修网"这一集现代技术、现代教研理念、现代滨湖特色于一体的教研工作新平台，成为江苏省首家通过网络进行教研活动的专业网站。

第七，"一盘棋"。组织各级各类教育教学活动，是教研员的常规工作，都需要教研员有较高的组织协调能力。在教研工作中，教研员还起着上情下达、下情上报的纽带作用，需要处理好教研中心与科室、学校与学校、校长与教师、教师与教师等方面的关系，无疑需要教研员有全区"一盘棋"的视野。为此，我们进行了教研活动的创新，实行了"项目负责制"、"活动招标制"。由我们主办的"滨湖之春"、"滨湖之秋"全国名特教师课堂教学展示活动,省、市区课程改革研讨活动等,都取得了圆满成功。通过这些活动,教研员队伍得到了锻炼与提高,学校积极性得到了充分发挥,教师教育教学成果得到了展示。

二、学校管理:要把平常的事情做细

教师专业发展不在教育实践之外,而在教育实践之中。在"之中",便是平常事;平常事往往被忽视而得不到关注;得不到关注便流于无,便不能自觉。江苏省无锡市江南实验小学的张群芳老师正是从平常事谈起,用生动的案例说明了,在教师专业发展过程中,学校管理如何从细节处入手,把事情做深、做细、做长久。

附 2-7 把平常的事情做细 (节选)[①]

不少学校管理者总是求大、求快,自以为效率很高,殊不知,这种粗放型的管理浪费了很多宝贵的资源。笔者认为,学校管理者也要拒绝浮躁,把平常的事情做细,从粗放型管理转向精细化管理、节约型管理。

1. 单独的事情延伸做

邀请知名人士、骨干教师来校送教,这本是一件很平常的事情,一般的做法就是通知相关教师准时前来听课就行了。但我觉得,光让教师听听课,对教师的帮助不大,这是对优质资源的极大浪费。只有把听课这件事向前、向后延伸,在每个环节上做足文章,才能发挥其最大功效。

2. 常态的事情深入做

考试质量分析是教学管理中的一项常规工作,正因为是常规工作,所以我们总是习惯于按已有的方式行事。在上述案例中,原来的质量分析表只对一个班的卷面情况进行分析,加上纸张小、项目多,所以分析结果往往空泛、笼统,措施成了不变的措施,问题成了永恒的问题。与其如此,

---

① 张群芳. 把平常的事情做细 [J]. 中小学管理,2006 (7):45.

不如深入下去，从小处着手，在细化的数据中找具体的"小"问题，定"小"措施。

3. 长期的事情分解做

为了促进教师专业成长，学校要求每位教师制订一份三年期的个人发展规划，内容包括个人的优势分析、劣势分析、预期目标和措施等。在制订规划的头三个月里，教师的斗志很高，都在为实现自己的宏伟目标而努力。但三个月后，很多教师就开始松懈了，他们觉得目标的实现似乎遥遥无期。为此，学校帮助教师重新修订了一份更为详细的发展规划，将教师三年的发展目标分解为若干个阶段目标，每个阶段目标均用可观察和可衡量的方式进行描述。同时，为每位教师建立个人成长电子档案袋，用于存放教师在各个阶段取得的成果。学校还定期举行教师成果展，让每位教师都感受到自己实实在在的进步。

……

三、另一种"家校合作"：为"80后"教师开个家长会

教师的成长，包括各个方面，狭义的专业成长只是其中之一。现在，进入教师职业的许多新教师，正是人们口中常说的独生子女一代的"80后"。这些"80后"能够承担起育人的责任吗？能起到为人师表、言传身教的责任吗？作为学校，如何去帮助新教师成长呢？在现实的困难面前，本着解决问题、改进实践的思路，育红小学创造了一种帮助新教师成长的新方式，即为"80后"教师开家长会。

中国教育报记者张滢对育红小学的这种做法做了深度报道。[①]

1. 新教师先当"护导员"

为"80后"教师开家长会的想法是逐渐形成的。说到此，校长潘望洁说："在它背后，有许许多多的复杂原因。最主要的原因，是近年来学校招收了大批刚毕业的青年教师。"

蒋法元副校长手中一份关于关于教师年龄分布的数据显示，到2010年，

---

① 张滢. 为"80后"教师开个家长会 [N]. 中国教育报，2010-10-08（5）.

全校 35 岁以下的青年教师已经占到了全校教师总人数的 56.1% 以上。

通过和青年教师的接触，潘望洁校长意识到：以往在对青年教师的培养过程中，学校通常更注重他们的"硬实力"，也就是专业素质，却很少关心他们的"软实力"，比如与人沟通交往的能力、融入工作团队的能力，等等。现在新的教师，多为"80 后"独生子女，本身就带有许多时代和家庭的烙印。他们中的一些人，在工作中处理起问题来比较孩子气，习惯以自我为中心，还不能适应学校应有的团队文化。面对上述情况，虽然学校也有种种帮助年轻教师成长的措施，但潘望洁校长和学校班子还是隐隐有些担忧。

2009 年出现的一个突发情况，更引发校领导对"80 后"新教师培养问题的深入思考和应对。

入校不足半年的教师小真（化名），因为所带班级几次考试成绩不理想，再加上一进校就担任班主任，压力过大，被苦恼和压抑打垮了。

"那段时间，小真的心理出现了一定的问题。有两天就干脆没来上班，连招呼都不打，假也没请。"参与处理突发事件的夏愉然回忆了事件的始末。

……

经过一系列鼓励和帮助措施，几个月后，小真走出了迷茫和焦虑，回归了正常状态。最后，知道这一事件的只有几个相关人员，没有给小真的日常工作带来任何影响。

同时，小真在班主任工作上遭遇的挫折，还启发学校编写了《班主任上岗培训手册》，对新班主任可能遇到的突发情况、细微事件，手把手从头教起。手册的内容更是细化到"学生发生的第一起安全事故该怎么处理"、"接到第一个打给班主任的投诉电话该怎么办"，等等。

为了给新教师一段适应期，学校更特设了"护导员"这一特殊岗位，由新教师辅助班主任进行班级管理。在做"护导员"的过程中，新教师也可以不断为自己今后做班主任积累经验。

让新教师先当"护导员"，是实事求是的做法。这种做法为新教师提供了一个心理上的缓冲期，也为青年教师提供了一个实地的见习与实习时间，为新教师的顺利成长提供了一个安全的心理环境。

2. "80后"教师家长会应运而生

学校如何与家庭形成合力，帮助"80后"新教师成长呢？

校长潘望洁向教师家长介绍新教师的成长

事实上，"80后"教师家长会并没有什么神秘的做法，也没有什么特别之处，就是让家长了解自家孩子在学校的工作情况，目的就是激发青年教师的自豪感和积极性。

具体来说，学校带领家长参观校园，采取多种形式汇报展示青年教师在学校的工作情况——请青年教师代表和家长代表发言、校园果餐会……（这些活动）由德育处牵头，青年教师自己组织。"成本不高，操作也很简单。奇怪，青年教师的自豪感和工作积极性却一下子被激发了出来！"曾两次参与家长会牵头工作的德育处负责人姚静激动地说。

"家长对孩子在学校的工作情况非常关注。作业批改、教学成绩、校领导的肯定，甚至板书里的一笔一画……每一件事情家长都上心，都要问个明白。看到孩子的表现，家长理解了孩子为工作的辛苦付出，纷纷表示'绝对支持孩子成为最好的老师'。"看到家长们的重视，大队部辅导员王敏娟非常羡慕，也非常感动，"张念娇老师的妈妈在家长会发言时说的那句话，一直在我心里回荡——'孩子生活得好、发展得好，就是我最大的幸福。'"

这个特殊的家长会，还让其他教师看到了以往忙碌工作中根本不曾留意的情景：有个平时老成持重的青年教师，在父母身边突然就撒起娇来，"嗲兮兮的样子好玩极了"；有个乐观开朗、爱说爱闹的青年教师，原来早就失去父母，由外公外婆抚养长大……

"直到真实地接触每一个青年教师的家庭，和他们的亲人交流，我们才真切地意识到，这些年轻人可敬、可爱。他们每一个都是家里的宝贝，我们也要多多关心爱护他们。"姚静深有感触地说。

新教师家长会上，教师家长在发言（背景作品为育红小学展出的新教师的作品）

3. 理解、帮助青年教师

现在的青年教师有什么特点呢？育红小学副校长谢琴说："不得不承认，许多青年教师非常聪明。他们接受新信息、新鲜事物很快，和时代贴得很紧密，与学生沟通的能力也很强，学生很喜欢他们。"

当然，谢琴也注意到，现在的年轻人真不容易："以前，学生非常敬畏老师，老师说什么就听什么，家长也不敢对老师提意见。现在，家长的层次提升了，对老师的要求也比以前高得多，动辄打电话'教育'青年教师该如何如何。学生也很聪明，见多识广。青年教师稍有不慎，就无法获得学生的尊敬。"

因此，学校应该理解、帮助青年教师。校长潘望洁说："要多给他们一点时间、一点耐心。毕竟，在教书育人的天地里，他们也是蹒跚学步的孩子。"

老教师的点拨和帮助对青年教师的成长至关重要，即使是一句话，也能启发新教师，使他们能够在教育实践中体会到教师职业的魅力。青年教师张念娇说："年级组长常说的一句话对我很有帮助，那就是'遇到问题，先笑一下'。""对所学的内容，学生总会问出一些令我完全意想不到的问题，而我会勇敢地接受挑战，因为这正是教师的魅力所在。"

"80后"青年教师家长会，是一种理解、帮助青年教师的新形式。两次家长会下来，也启发了育红小学对青年教师发展的更多想法和规划。校长潘望洁说："不只是家长，我们还要把'老师'的'老师'也请来学校，争取把对家长的影响扩大到师范教育领域。今后，我们不仅仅要让教师自己汇报工作进展，还要聘请专业的职业生涯规划者帮助青年教师制订职业发展规划……"

新教师家长会的一个环节："师傅们的话"

正是因为学校有宽松的氛围、有理解并帮助青年教师的老教师，青年教师才能积极投入到教育实践中去，才能有发展的动力和信心。青年教师张念娇说："进了学校，我就不再是独生子女。虽然我不大可能去爬珠穆朗玛峰，但我每天都在攀登……"

育红小学第四届家长会上，稚嫩年轻的新教师感谢自己的家长和师傅

四、满足教师的心理需求：给教师开画展

2006年11月24日，无锡市博物馆迎来了一届不同寻常的画展——东

绛实验学校首届教师书画作品展开幕了。

这次画展是由无锡市美术家协会和东绛实验学校共同举办的，展出了东绛学校 12 位美术老师的 60 多幅书画作品。

一所普通的学校怎么想起来给教师办画展了呢？老校长邱菊琪在画展开幕式上说："学校就是应该有专家、有名师，学校要为教师搭建展示的舞台，让教师充分展示才华，张扬个性，体现自身价值。"邱校长一语道出办画展的内涵。画展只是一个形式，也可以有其他形式。开论哪一种形式，都是为了承载意义，重要的是"让教师充分展示才华，张扬个性，体现自身价值"。

在关注教师发展这方面，东绛实验学校是倾尽全力的。例如，在校内，建立了导师结对听课制度，帮助青年教师成长；在校外，建立广泛的联系，请全国一线专家讲学、与名校零度距离接触，拓展教师的视野；通过参与和举办不同类型的优质课大赛，为教师提供相互观摩、相互学习的平台。

参与画展的美术老师郑老师说："其实，在每个老师心里，都会悄悄关注着学校的每个'举动'——水准层次是否高，是否有利于个人的发展，是否能满足自己的审美评价、心理需求。"

用郑老师的话说，东绛实验学校的"举动"是满足了教师的"心理需求"的。满足了教师的需求，在学校和教师之间便能够形成一种良性互动、相互信任、相互依赖的关系，形成一种轻松而愉快的氛围。有了这样的关系和氛围，教师的成长便是自觉和愉快的。

五、建立教师教育发展研究院：让全体教师都得到成长

在教师专业化发展的进程中，存在着明显的差异性、多层次性。一般来说，人们更关注名师、关注名师的培养和发展，但名师的数量是极其有限的。因此，在抓教师专业化发展时，应面向全体教师，在重视少数名师培养的同时更应重视大多数普通教师的心理需求和发展问题。教师专业化发展的主体应是全体教师，促使教师走专业化发展之路的关键应是调动教师的内在需要，激活其内在动力。

胡埭中心小学建立了"教师教育发展研究院"，其宗旨是致力于教师的教育发展研究，打造一支现代智慧型教师队伍。教师教育发展研究院将学

员分为"适应期"、"成长期"、"成熟期"三个层面，每学期按三个层面开展丰富多彩的活动，把经历教育理念引领下的课堂有效教学作为重点研究项目。①

胡埭中心小学教师教育发展研究院开班

　　总之，滨湖区的教师专业发展是扎根于教育实践的发展——既有区域层面的统一设计与执行，如"三达标"、"希望之星"班、名师工作室、教师成长基地，又在区域带动下的每一所学校的自觉而积极的行动。或者说，正是在区域的统一计划和带动下，才会形成如此广泛、全面、持续的各个学校的自觉积极的行动。在后续的几章里，我们便从学校的角度来具体阐述教师是如何在教育实践现场中得到发展的。

---

① 摘自胡埭中心小学内部资料。

教育实践需自觉

　　滨湖区教师专业发展的"精加工"模式，典型地体现了现代教育对教师专业发展的要求。其中，通过主动的变革教育实践来提升和发展教师，是它首要的特点。现代教师发展的这一特点，从理论上阐明了：职前教育是对未来教师的孕育，教师的发展是在"真刀真枪"的教育实践中进行的，但是，在自然的、未经反思的实践中，教师的发展只能凭教师个人的天赋或偶然的机遇，而在自觉、主动改造教育实践的过程中，教师的发展却是自觉的、快速的，是大批教师自觉成长的必由之路。

第一节　教育教学实践是教师专业发展的主阵地

　　有研究表明，我国中学优秀教师的各种能力，主要是于在职阶段形成的（见下表①）。

---

　　① 王邦佐．中学优秀教师的成长与高师教改之探讨［M］//刘捷．专业化：挑战 21 世纪的教师．北京：教育科学出版社，2002：147.

我国中学优秀教师各种能力形成时间的分布

各种特殊能力 \ 形成时间 / 人数的百分数	大学前（%）	大学前后（%）	在 职（%）
对教学内容的处理能力	18.95	12.63	68.42
运用教学方法和手段的能力	21.65	12.37	65.98
教学组织和管理能力	19.59	11.34	69.08
语言表达能力	34.69	20.41	44.90
教学科研能力	18.18	11.11	70.71
教育机智	19.19	11.11	69.70
与学生交往能力	21.43	10.21	68.37

　　同样，校长也被认为是在实践中才能成长起来的。美国在1968年做了一份针对全国小学校长的调查研究。在这项研究中，校长们被问道："什么样的经验或准备，对你做个成功校长最有帮助？"

　　"不到2%的校长认为，'大学的职前教育'是校长成功的主要因素。或许可以理解为，特别对那些有经验的校长来说，校长的实际工作经验是最重要的（41.5%）。"[1] 而且，有相当比例的"校长（40.9%，大多由不到五年校长工作经验的校长组成）认为，'担任班级任课教师'的经验最有帮助。任课经历的确对校长任职和提高他的权威性是必要条件，但令人疑惑的是，班级教学经验如何有利于行政的成功"。"仔细看调查内容，除了10%的校长承认担任助理校长、副校长和实习校长有助于他们的成功外，90%的受访者必须在两种成功资源中'二选一'：'大学职前教育'或'任课教师'。而他们的回答可能会忽视前者，而不是认同后者。"[2] 也就是说，如果让校长们在"大学职前教育"或"任课教师"中二选一的话，他们宁可选择他们并不特别认可的"任课教师"（相比而言，他们更认同任助理校长、副校长和实习校长对他们成功的意义），也不会去选"大学职前教育"。

　　但是，关于教师在职阶段的发展，西方学者通常持一种自然成长或衰退的观点。例如，许多学者都从教师职业生涯角度对教师的在职境况进行

[1][2]　沃尔科特. 校长办公室的那个人：一项民族志研究 [M]. 杨海燕，译. 重庆：重庆大学出版社，2009：166-167.

了研究。由于研究者的视角不同、理论依据不同，因而所进行的阶段划分也有不同。

一、关于教师专业发展阶段的几种理论

最早提出教师专业发展阶段论的是美国学者富勒（Fuller，F.）。富勒提出了教师专业发展的四阶段模式：

（1）任教前关注（preteaching concerns）阶段；

（2）早期生存关注（early concerns about survival）阶段；

（3）教学情境关注（teaching situations concerns）阶段；

（4）关注学生（concerns about students）阶段。

在这四个阶段中，教师关注的重点在不断转换，从关注自身，到关注教学任务，再到关注学生的学习，最后才能更多地关注自身对学生的影响。

美国教育学者凯兹（Katz，L.），针对学前教师的训练需求和专业成长，提出了教师发展的四个阶段：

（1）生存（survival）阶段；

（2）巩固（consolidation）阶段；

（3）更新（renewal）阶段；

（4）成熟（maturity）阶段。

与凯兹所划分的阶段相似，美国学者伯顿（Burden，P.）提出了教师专业发展的三阶段：

（1）生存（survival）阶段；

（2）适应（adjustment）阶段；

（3）成熟（mature）阶段。

费斯勒（Fessler，F.）则提出了教师生涯循环论（the teacher career cycle），认为教师专业发展分为以下八个阶段：

（1）职前教育（pre-service）阶段；

（2）入门（induction）阶段；

（3）能力建立（competency building）阶段；

（4）热心和成长（enthusiastic and growing）阶段；

（5）生涯挫折（career frustration）阶段；

（6）稳定和停滞（stable and stagnent）阶段；

（7）生涯低落（career wind down）阶段；

（8）生涯退出（career exit）阶段。

斯帖菲（Steffy）建立的教师生涯阶段模式，虽然所依据的理论不同，却与费斯勒的阶段划分相似。他将教师生涯分为五个阶段：

（1）预备生涯（anticipatory career）阶段；

（2）专家生涯（expert/master career）阶段；

（3）退缩生涯（withdrawal career）阶段；

（4）更新生涯（renewal career）阶段；

（5）退出生涯（exit career）阶段。

休伯曼（Huberman，M.）把教师职业生涯过程归纳为五个时期：

（1）入职期（career entry）；

（2）稳定期（stabilization phase）；

（3）实验和重估期（experimentation and reassessment）；

（4）平静和保守期（serenity and conservatism）；

（5）退出教职期（disengagement）。[①]

这些研究的可贵之处，在于揭示了教师在不同发展阶段所面临的重点问题，从而可以有针对性地进行重点化解，如初入职时候的适应问题、职业稳定后的倦怠问题，等等。但是这些研究大多以教师自发的教育实践为前提来进行生涯发展阶段的划分，只有休伯曼等人在教师阶段发展论中加入了"实验和重估期"。在这一时期，休伯曼认为"大约在工作后第七至二十五年，随着教育知识的积累和巩固，教师们开始不满于现状，并重新审视自己所从事的职业。他们试图增加对课堂的影响，在教学材料、评价方法等方面大胆进行教改实验，批评学校组织管理中的弊端，不断对职业和自我进行挑战"[②]。当然，即使在这一时期，也有人"因年复一年单调、乏味的课堂生活或者连续不断的改革后令人失望的结果而引发危机，甚至重新估价（reassessment）和怀疑自己是否要一辈子执掌教鞭，表现为职业生

① 以上关于教师专业发展阶段的材料，均转引自：刘捷. 专业化：挑战21世纪的教师［M］. 北京：教育科学出版社，2002：127-134.

② 刘捷. 专业化：挑战21世纪的教师［M］. 北京：教育科学出版社，2002：133.

涯道路中的一场'危机'"①。

以上这些研究多属于20世纪80年代至90年代的研究，对教师的专业成长多持自然状态的描述，而并未做积极的干预，也没有从更积极的变革角度去研究教师在主动的教育实践中的发展。当然，这些研究至少说明了一点，即在自发（自然）的状态下，虽然教师也会有所发展，但大多难以超出经验摸索的水平，也难以避免职业厌倦、退缩以及发展的高原期等现象；虽然也有个别有天赋的教师能够获得较高水平的发展，但大多数教师发展的水平并不高。因此，如何通过制度、机制的建立，来超越教师自然发展的阶段，自觉促进教师的专业发展，从而大幅度缩短优秀教师成长的时间，让大多数教师成长为优秀教师，既是教师专业成长的需要，也是现代教育、现代学校发展的需要。

二、在自觉的教育改革实践中获得发展

与国外学者对教师职业生涯阶段的研究不同，无锡滨湖区的教师专业发展实践，有力地说明教师的专业发展与他的教龄并不直接相关，而是与他的专业实践相关。在主动的变革教育实践的过程中，教师能获得持续的专业发展，也能够创造出更有意义的教师专业发展的形式。

（一）蠡园中学的改革实践

2009年第19期的《人民教育》以"给学生可选择的教育"为题报道了蠡园中学的育人改革实践。蠡园中学（简称"蠡中"）是一所地处城乡接合部的初中校，校园逼仄，生源和师资"原生态"。学生有一半是打工子弟。但就是这样一所学校，"一步步从底层走向高层，从薄弱学校走向品牌名校，用有选择的适合学生发展的教育，创造出育人的奇迹，从而彰显出蓬勃的生命力"②。他们有什么秘笈吗？唯有主动变革、主动实践。

1. "选班制"的实践

选班制是怎么提出来的？不是心血来潮，也不是为了新奇，更不是要

---

① 刘捷. 专业化：挑战21世纪的教师 [M]. 北京：教育科学出版社，2002：133.
② 任国平. 给学生可选择的教育：江苏省无锡市蠡园中学育人纪实 [J]. 人民教育，2009（19）：18.

通过改革博取人们的眼球，选班制来自于实实在在的实践中的问题——

下课了，一位教学卓有成绩的英语教师气鼓鼓地来找邱华国："校长，这课实在是没法上了！"原来，这位英语教师班上30多个学生中，有十几个跟随打工的父母来到这里就读的孩子。有的孩子只不过认识26个英语字母，英语基础几乎为零；有的虽然学过，但也不过是"洋泾浜"，读英语时带着浓重的口音。按照既定的教学计划，这些孩子整堂课只有干瞪眼的份儿，不少学生因为听不懂老师讲课，干脆趴在桌子上呼呼大睡。"那些基础稍好的学生，也干脆不好好学了！"英语教师摇摇头，无奈又有些心痛。

英语教师前脚刚走，一位班主任又面红耳赤地进来了："校长，我工作都快20年了，却不会带班了。"同样是由于外地生源多，加之本地生也"被割过一茬"，这个班的学生在学习情态、学习习惯方面存在不少问题，学习有困难，大部分学生不交作业，有的学生在上课时，老师一转身就不见了，自个儿钻到课桌底下玩去了。

一段时间，诸如此类的情况，邱华国校长简直应接不暇。他知道，随着无锡城市化进程的加快，外来务工人员仿佛在一夜之间成倍增加，他们子女就读以及相应的教育问题也随之而来。这个问题不解决，不仅无法正常上课，而且让那些基础差的学生痛苦地干坐着，也不公平。①

怎么解决这个问题呢？如果不做改变，还是按传统的分班制来教学，不少孩子就会被无声地"淹没"。但在蠡中，决不允许有一个孩子因暂时的"落后"而被抛弃。要把孩子们身上的巨大潜能激发出来，就必须变革。他们认为，让不同需求和层次的学生都接受同一种教育，表面上看公平，实则不然。有选择性的教育才是真正的教育公平，学校要给学生和家长多一些选择的机会。于是，蠡中变"分班而教"为"选班而学"，把班级真正变成适合学生学习和发展的班级，为所有的孩子找到适合自己的土壤，让学生在这里把自己原先的不足弥补起来，健康、快乐地成长。

经过一段时间的调研、思考，"选班而学"的方案逐渐形成了。具体做法是：

---

① 若无特别说明，本部分内容中楷体部分均摘自任国平《给学生可选择的教育——江苏省无锡市蠡园中学育人纪实》（《人民教育》2009年第19期）。

班级分四类：英语强化班，着重提高学生的英语基础；情态提升班，以建设积极情态为主，让学生"愿意学"；自主学习班，学习的难度适当加深，逐渐建立有特色的班级文化；非常自主班，注重高效学习……这样就做到了"学校出菜单，大家来选班"，目的是让学生选择他认为最适合自己的教学内容。

为了使选班制能够顺利实施，真正实现选班制的效果，蠡中还做了相应的配套措施。例如，选班之前，要做学情调研，要开家校选班交流会——

学校首先通过与相关对口小学的班主任交谈沟通、学情调研等方式较充分地了解学生的基本情况。在此基础上，在每年9月开学前的"家校选班交流会"上，校方提供指导性意见，学生和家长商量着填报第一志愿、第二志愿。

同时，学校在课程教师方面也做了相应的调整，以适应不同班级的情况。例如，英语教学骨干教师到英语强化班上课，情态提升班则会安排经验丰富的班主任带班，等等。

2. "六助"教改

学生学习不主动，就不能获得长足的进步。怎么才能让学生更主动地学习呢？蠡中的做法是："助生自助"，通过"六助"教改来激发学生的主动学习。所谓"六助"，是指：

"备助"，在上新课之前，教师要充分了解学生学情，明确教学目标，形成帮助学生学习的思路；"自助"，学生对新课内容尽自己所能进行探究；"求助"，学生向老师或同学提出自己的疑问；"互助"，针对提出的问题，以小组为单位互相帮助；"补助"，由教师提供帮助，重在启发、引导，而不是简单告知；"续助"，课后学生根据自己的学习情况查漏补缺，复习巩固。

"六助"的环节，令我们想起20世纪初美国道尔顿中学实行的"道尔顿制"。"道尔顿制"的做法是：学生与教师订立"合约"；学生自己到专业教室去学习，遇有不会的问题便请教专业教室的教师；接受教师的检查，如果通过则订立新一轮的"合约"。"道尔顿制"的做法，就是为了适应学生的特点，不因班级教学的统一进度而被落下或者被拖后腿，同时还能培养学生的自主学习能力。而"六助"的特点，则是充分发挥学生的主动性，让学生能够在教师的指导下自主学习。教师的作用则是在更高水平上对学生的指导。

蠡中的老师没有"教案"，只有"助学案"。这不仅仅是名称上的简单改变，而是一种教学思想的深刻变革。学生能做的就让学生自己去做，教师存在的重要价值之一就是帮助学生寻找适合的起点，即"最近发展区"。邱华国说："这就像爬山，让他尽可能爬到自己能够到达的一个高度，在这个基础上教师再去引导、帮助。'六助'实施以来，课堂最大的变化是，原来'满堂灌'，教师45分钟都在讲，现在教师一堂课只讲15—20分钟，学生成为课堂的主人。"

"六助"的效果也非常明显，"六助"中心的沈宇清老师很有感触地说："以前，学生是被动学习，今天高兴就学，不高兴就不学；现在，先让学生学，每个学生都动起来了，课堂上不再有死角了。"

3. 高峰老师的"自我教育"实践

高峰老师以新生代教师的敏锐和热情，创造了学生在集体中自我教育的新形式。

他把班上47个学生，按4人一组自由组合为12个合作小组。每组1个组长，由班上综合素质比较高的学生担任。12个小组之间在合作互助、卫生纪律、文明礼仪等方面形成竞争态势，每天都有班级监督员打分。通过这样既合作又竞争的小组，学生真正在体会"自我教育"。

高峰老师还创设了班级日志和班级博客来进行自我教育。班级日志是由学生按学号顺序来写日志。在传递的过程中，当天写日志的学生会情不自禁地翻看前面的内容。翻看的过程既是一个了解班级情况的过程，也是一个与同学心灵交流的过程。班级日志本每天都在学生手里传，成为班级的"传家宝"。每隔一段时间，高峰会把班级日志中精彩的文章挂到班级博客上，引起全班学生的关注和讨论。班级博客是老师和同学们"聊天"的场所，也是班级日志中精彩文章的展示平台。班里的学生每周会在固定的时间，相约登录班级博客，聊聊班里发生的新鲜事，互相推荐好的文章和图书，对班上某个同学或者任课老师品头论足一番。在这里，老师和学生敞开心扉地聊天，用现代化的信息手段，实现着相互影响、相互教育的功能。

一天，高峰老师看到某组组长吴婷在班级日志上的一段话："我想哭，一肚子的委屈想说出来……"

原来，吴婷小组里的男生李军，课间玩篮球，把教室后面实验器材柜上的玻璃砸碎了，还好，实验器材没有受损。这个李军，脑瓜挺灵的，但可能是家庭教育方面的原因，和大家沟通起来显得很冷漠。平时，李军经常拖拉不做作业，课堂上从不发言。作为组长，吴婷没少帮助他，苦口婆心天天跟他讲，甚至还把回家要做的家庭作业清单给他写在本子上，不忘嘱咐一句"回家一定要记得做这些作业"；有时实在不放心，晚上还要打电话交代一番……付出这么多精力，李军依然我行我素，没有多大改变，这次还变本加厉，打碎了玻璃。吴婷感觉忍无可忍，于是把自己的委屈全部倾吐在班级日志上。

高峰通过日志才了解到吴婷为小组所做的工作和付出。他把这篇日志放到了班级博客上。……同学们看到吴婷的日志，踊跃跟帖。大家你一言我一语地安慰吴婷，特别是班上当组长的几个人，更能对吴婷的处境感同身受。这个帖子一度成为班级博客上的"热帖"。有点出乎意料的是，大家竟然看到李军在班级博客上留下一句："我以后再也不会这样了。"这可真是铁树开花般的奇迹。

班级博客上记录的整个过程，高峰都看在眼里，他暗自高兴，这不就是学生自我拔节成长、自我教育的过程吗？更让他欣慰的是，在自己的班级里，情感沟通、文化熏陶、人与人之间互相感染的东西更多一些了！他也即兴跟帖："自从实施小组合作以来，其实老师一直在关注着你们。今天看了吴婷的日志和同学们的跟帖，老师感到很欣慰。通过这个帖子，你们在学会自己处理问题，也能从中找到自己的方向和目标。"

4. 蠡中的升旗仪式改革

升旗是每个学校的重要活动之一。由于是仪式，便有庄重的仪式感，但也会有程式化的弊端。在很多学校，升旗之后，学校领导在上面讲，学生在下面讲，有学生笑称为"国旗下的讲话"，即大家都在"讲"，谁也不睬谁。这样，升旗仪式似乎变成了"升旗形式"，失去了它本应有的意义。蠡中人认为，学生在学校的每一分钟都应该是有意义的，要从改革升旗后的讲话开始。于是，他们前后进行了三次改革，现在的升旗仪式，成为创造学生难忘记忆的活动。

附 3-1　蠡中升旗仪式的变革

2004 年，蠡中的升旗活动开始酝酿一场变革。邱华国提出，学生在学校的时间毕竟有限，要充分利用孩子在学校的每一分钟，让所有人都参与进来，使升旗仪式的效益最大化，达到最好的教育目的。

校团委和德育处牵头，开始着手升旗活动创新变革。整个升旗活动共 26 分钟。16 分钟的升旗时间（含进场、退场）不变，他们在升旗后 10 分钟上做文章。以往这 10 分钟被领导讲话占用。"要让孩子参与进来"——只有学生参与的体验式活动，才能得到他们的真正认可。

第一次改革。大家认为校领导的国旗下讲话太"一本正经"，于是想到让学校优秀教师轮流到国旗下讲话。历史教师薛松屹给全校师生讲了一个"犹太人读书"的故事。孩子们被薛老师的演讲深深打动了，没有一个学生在下面说话。这一做法持续三次后，有人提意见，学生是参与了，但还是"台上讲台下听"，还是被动参与。

第二次改革，孩子成了活动的主角。让孩子们参与进来不难，但会不会把国旗下讲话的庄严性和仪式性丢掉？毕竟，小孩子做事凭感觉，感性的成分多一些。经过一番争论，德育处和校团委形成一致意见：孩子是主体，放手让他们尝试。

每星期升旗后的活动内容由各班申报，从内容到形式，完全由学生自主。这一改革，活动内容活泼了，同时也带来一个问题，孩子们费劲搜罗来各种脑筋急转弯、抢答题之类的题目，往往引得台上台下哄笑，不仅没有教育意义，还把升旗活动原有的庄严性打破了。

新一轮改革开始了。大家一致认为，不可能再回到改革之前的老路上去，但活动的内容需要规范。第一，升旗手要由 1 名一段时间内进步较大的学生担任；第二，活动的形式可以多样化，但内容要有教育意义，要经过校团委和德育处的审核。

升旗活动方案三易其稿，实现了"班级申报、自主设计、全员互动"。……

蠡中升旗仪式的内容和形式不断创新。这学期（2009 年秋季），他们又开始了全校性"千人诵读"活动。每期一个诵读主题，有谈感恩的，有谈责任的，有安全教育的，有法制教育的……

5. "校长杯"读书毅力竞赛

中国人常说，"读万卷书，行万里路"。读书和实践一样重要，对于年轻人来说，读书甚至更重要。不读万卷书而想行万里路，几乎是不可能的。高尔基的"我扑在书本上，就像饥饿的人扑在面包上一样"广为流传，成为人们谈到读书时必提的名言。高尔基爱读书，而他的书也影响着青年一代。"1936 年高尔基逝世后，苏联杰出的教育家安·谢·马卡连柯写了一篇题为'高尔基对我一生的影响'的文章。在这篇文章里，他回忆自己在日俄战争以前，在一个偏僻的县城里读书的情况时，说：'我们很少看到高尔基的作品，一看到，就像突然间一支火箭划破了我们黑暗的天空。'马卡连柯更认为：'尤其是在 1905 年以后，他的活动、他的著作以及他的动人的生活，成了我们的思想和修养的源泉。'"[1]

可以说，读书的过程就是学习、吸收知识的过程，是年轻人学习的重要方式。在蠡园中学有一项重要的活动，就是读书。蠡园中学校长邱华国所说："在校园里，怎么强调读书都不为过！""邱华国校长认为，从管理学的角度分析，人生要处理的事情无非是三类：重要而紧急的，重要而不紧急的，既不重要也不紧急的。阅读，对于学生来说，就属于重要而不紧急的事情。阅读，是孩子成长的精神动力。一个人的阅读史往往是一个人的精神发育史。要想抓住这件重要而不紧急的事情，关键在于激发孩子的阅读需求，培养孩子的阅读习惯。为此，蠡园中学几年来尝试开展读书节活动，培养师生良好的读书习惯。结合读书节，邱校长于 2004 年 3 月精心策划并启动了'校长杯'读书毅力竞赛。"[2]

---

[1] 曾光曙．"高尔基论青年"[J]．读书，1956（7）：14.

[2] 丁昌桂，吴伟昌．交给孩子受用一生的财富：无锡市滨湖区推进中小学生行为习惯养成的实践与探索 [J]．江苏教育：教育管理，2006（10）：24.

附3-2 蠡中"校长杯"读书毅力竞赛活动

2005年3月15日，蠡中拉开"校长杯"读书毅力竞赛活动帷幕。这是为了培养学生"爱读书、多读书、读好书"的意识和习惯而创设的一个平台。这一天，邱华国面向全校学生承诺："如果能坚持到明年的3月15日，我会隆重为这个最后的坚持者颁奖。"条件是，学生每天至少阅读半小时，次日要把读书笔记投到校长信箱里。

......

走进校门，右手边就是一个校长信箱，每隔几天就会被孩子们的读书笔记塞满，邱华国每天都要收阅。偶尔出差几天，便会委托学校办公室收阅、统计。

2006年的3月15日，首届"校长杯"优胜者产生了，是来自初三（1）班的李玉。在全校学生面前，邱华国校长为李玉隆重颁奖，奖励她500元读书基金和一套经典文学作品。那一刻，在场的每个学生内心都很震撼，看得目瞪口呆，流露着羡慕的神情。之后，学校还把李玉的全部读书笔记做成一个展板，展示给全校学生。

......

紧接着，新一轮竞赛活动又开始了。报名的孩子明显比前一届增多。一年后，两名初二学生沈乐乐和孙祎祎坚持了下来。孙祎祎刚从安徽老家来到蠡中时，英语成绩只有二十几分，她选择了英语强化班。寒假时她回家过春节，也有过想松口气的想法，但凭着一股毅力战胜了自己的惰性，实现了自己的承诺。神奇的是，就在她坚持读书的这一年中，英语成绩也不断提高，还当上了班上的英语课代表！

颁奖典礼非常隆重，老师们用红色丝带把沈乐乐和孙祎祎的每一张读书卡都串联起来，竟然可以绕会场一周。全场学生再一次被震撼了！在场的老师们惊叹：孩子的身上潜藏着无穷的力量！只要给他一个舞台，就会展示无限的精彩！

很多家长也参加了这次颁奖典礼。从这一天起，不少家长和孩子一起参与到读书毅力竞赛中来。学生、家长有这种举动，老师们岂能自甘落后，他们也纷纷参与进来。那次颁奖典礼，也成为在学生、家长、老师三个层面的一次"读书总动员"。

......

因为参与者越来越多，2009年第四届"校长杯"又是大丰收的一年，有11个学生获奖者，一个家长，两位老师，还出现了一个以班级为单位的获奖者……

新的一次活动开始了，邱华国说不需要签承诺书了，全靠自觉。学校专门制作了一个更大的校长信箱，透明玻璃的，每天都装得满满的，似乎在向每个路过的人说："从明天开始，只要你愿意，就可以参与进来。"

在《给学生可选择的教育》这篇报道里，我们看到了蠡园中学的主动变革和探索实践——选班制、助学案、班级博客、升旗仪式，等等。这些变革和探索是怎么来的？来自于实践中的困惑，更来自于对实践困惑的主动解决和改造。如果人们只是怨天尤人，维持现状得过且过的话，不可能有这样主动的改革。蠡中人没有顺从现状，而是主动进行了变革。也正是这样的变革，创造出一个优秀的教师团队——校长邱华国、教师高峰，以及一大批能看到学校不足而勇于提出问题并且进行改革的教师。也正因为有了这样的优秀教师团队，学生才获得了好的发展。

但是蠡中人并不止于这样的成绩，现在他们又开始探索分层写字、分类阅读，并在此基础上探索教学水准体系的建立，成为无锡市的"中考评价改革实验学校"，向新的探索迈进。有了这样主动的变革实践，教师们的干劲更足了，发展就在其中。

（二）江南实验小学的"至正教育"探索①

2002年，江南实验小学（原名"滨湖开发区中心小学"，简称"江南实小"）建校。与那些有着深厚历史的百年老校相比，学校首先面临的是确立学校精神和学校发展目标的问题。江南实小在张洪庭校长的带领下，共同探索"至正教育"。

什么是至正教育呢？张洪庭校长如数家珍：

---

① 若无特别说明，本部分内容中楷体部分均摘自洪庭、江晓的《扬帆至正行——无锡市江南实验小学"至正教育"品牌建设侧记》（http://www.wxjnsx.com/Article/ShowArticle.asp? ArticleID = 2068）。

"至正"，可谓人格、学术修养的最高境界。"至正教育"，就是要以陶行知"爱满天下"教育思想为行动指南，以正立校、以正育人；通过养至正之气、育至正之智、践至正之行、塑至正之师，坚持"行知共进"达到"教学相长"，努力使学校成为弘扬正气的沃土、获取真知的绿洲、体验成功的天地，培养具有实践能力和创新精神的新时代江南"至正少年"。

那么，在至正教育的理念下，学校是如何关注教师专业发展的呢？

1. 教学创新，"教学有招"

把学生的发展放在第一位，是所有学校的共同目标，江南实小也同样如此。他们明确把课堂教学作为学生发展的主阵地，扎扎实实地通过提升课堂教学水平来促进学生发展。

那么，如何提高课堂教学水平呢？江南实小既抓教学常规，也抓教学创新。江南实小人认为：江南实小要培养的是勇于创新的至正少年，这就要求学生具备主动质疑、主动思维的能力。

在调研中发现，许多教师仍在课堂上大唱独角戏，学生的主观能动性不大，以生为本的理念得不到落实。针对这一现状，学校组织教师进行讨论，集思广益，商讨提高课堂效率的对策。经过讨论，江南实小人逐渐认同：学生"动"起来，课堂活起来，效果才能好起来！例如以下两个案例——

在一节语文课上，学生的思维始终不够活跃。面对这种情况，青年教师荣宗老师并不急着"发招"，他先是耐心地听取着学生的发言，然后抓住时机适时抛出一个问题，引发学生更深入的思考。……学校向全校老师介绍了荣老师的收获，并要求老师们展开"教学有招"的撰写，让每位老师介绍自己在教学中提高学生积极思维的做法。

许健老师的科学课非常受学生欢迎。在他的科学课上，老师几乎不向学生直接介绍科学知识，而是让学生自己在实践、操作中去感悟、发现。学生需要"脑动"——思考怎样设计实验；需要"手动"——在实践中验证自己的假设。这大大培养了学生的探究操作能力。学习"种子的发芽"，老师只是布置了一个作业：每人回家种几粒黄豆，观察它们的生长过程。这个作业大大激发了学生的兴趣，学生们计算着黄豆发芽的日期，发芽后又仔细地观察，对"种子的发芽"有了深刻的认识。

"教学有招"，来源于对学生发展的主动关照，而教师也正是在这样的实践中成长、发展起来了。

2. 创新学生活动，开发校本课程

江南实小认为，"至正"的品性只能在实践中锤炼。因此，学校全面关注学生的日常实践行为和真实道德体验，不断创新学生活动课程内容，力图通过多彩的活动来培育至正少年。正是在这样的教育理念引导下，小篮球俱乐部、节能环保团等创意活动在江南实小蓬勃开展起来了。

江南实小的活动设置并不单纯局限于课堂，而是注重将活动贯穿于平时的生活。

江南实小人利用一切空间、时间开展着丰富多彩的活动。他们在解放日带领"秦起中队"瞻仰烈士雕像；他们徒步行走带领学生参观污水处理厂；他们自编童谣弘扬绿色旋律。于是，学生们明白了，团结合作、永不言弃，这是至正；爱护环境、珍惜资源，这是至正；缅怀烈士、牢记使命，这是至正；热爱生活，健康向上，这也是至正……

经过几年的探索、实践，江南实小已经形成了丰富的活动课程，学生的言行也发生了潜移默化的变化。

随着活动的深入开展，江南实小把这些活动融入学校课程之中，在语文、艺术课程以及综合实践活动课程中进一步开展和完善这些活动，也通过活动来改造、完善已有的课程，实现了学校课程的校本创新。

3. 创新教师培训模式，培养"至正"教师

江南实小认为：

塑造一支至正之师是"以正立校，以正育人"这一理念的基点，也是学校发展的目标之一。所谓"至正之师"，自然要求有不断追求之态度，教学精湛之技艺；同时也要求有无私奉献之品质，爱满天下之胸襟。一言以蔽之，即做到：学高为师，身正为范。

为了提高教师的业务水平，江南实小创造出多种方式：开展"全校聚焦一堂课"活动、创办"行知培训学院"、引领教师制订教师发展三年规划……

附 3-3　江南实小创新教师培训模式

　　行知培训学院的一项培训科目让参与老师印象深刻：精选《人民教育》等权威杂志上的成功课例让老师们试上，使老师们在与大师对话、与经典碰撞中感悟先进的教学理念，体会深厚的教学思想。学校组织语文组的青年教师试上了《人民教育》刊登的《猴王出世》。试上分多轮进行，首轮是老师自己解读教材，独立设计，试上后与《人民教育》的案例进行比对、思索、改进。多轮试上使老师们对原本根深蒂固的教学观念进行了反思，以全新的教学视角审视自己的教学行为，自叹受益匪浅。其他老师也在对经典案例的揣摩中获得了长足的进步。收集、研究、反思教学经典成了行知培训学院的一项重要工作。江南实小人努力做到"就有道而正焉"。

　　"教师三年发展规划"要求老师未雨绸缪，制订今后三年自己的奋斗目标。这是一份催人奋进的目标书，它既从战略高度勾画了三年内自己的总目标，也从微观的角度明确了每年的分目标，激励着教师在原有的基础上去"跳一跳摘果子"；这也是一份记录成长的档案袋，学校为每个教师制定了电子成长档案，记录三年内老师们所取得的成绩。电子档案使老师们信心倍增；而三年奋斗目标则如航海中的明灯，指引着老师们前进的方向。

　　正是在这样主动的教师发展实践中，教师迅速成长起来了。学校有1人被评为区学科带头人，1人被评为市教学能手，2人被评为市教学新秀，多人被评为区教学能手、新秀。其他老师也收获着属于自己的喜悦，三年来学校教师的80多篇论文、案例在区级以上杂志发表。

(三) 雪浪中学的"课程研修"

　　与其他学校一样，雪浪中学也把学校教育质量看作学校生存的生命线。那么，这个生命线的根基是什么呢？雪浪中学认为：教师专业素质、教学能力的提高和教师团队的打造，是学校教育质量提升的根本。

　　学校通过以下几个途径来自觉促进教师的发展。

1. 成立"课程研修中心"，科学规划个人专业发展

　　"课程研修中心"的活动，有理论学习，有外出参观交流，有主题研讨，有教学观摩。通过多种活动，雪浪中心的教师们快速走上了"教、学、

研"之路。2009 年，雪浪中学通过考试选拔出 20 多位课程研修中心成员，每人制订一份《教师三年专业发展规划》，有目标、有策略地提升自我。

2. 参与"江苏省初中教育科研协作联盟"，不断拓展教师的教科研眼界

2010 年 11 月 11 日下午，雪浪中学与无锡市凤翔实验学校、宜兴市实验中学、苏州市景范中学、南京市第五十中学、海门市东洲中学齐聚凤翔实验学校，在江苏省教育科学研究院基础教育研究所的引领下，正式成为"江苏省初中教育科研协作联盟"首批成员。

2010 年 12 月 16 日，第一届联盟活动在雪浪中学举办，主题为"基于学生研究的课堂教学行为的改进"。学校教师全程参与了教学展示、专家报告、校长圆桌会议等环节，特别是在赛课、评课环节，专家、教师各抒己见，从多角度解读教师和学生的行为，或指出课堂亮点，或提出优化策略，智慧的碰撞让与会教师得到了实实在在的历练。

2011 年 11 月 29 日、30 日，雪浪中学的 11 位老师参加了在凤翔实验学校举行的 2011 年度江苏省初中教育科研协作联盟活动。这次活动以"基于学生研究的教学方式创新"为主题，共有 14 所联盟学校的将近 200 名老师参与。围绕活动主题，有专家报告、课堂教学展示与教师发展规划、特级教师示范课、教师论坛和校长论坛等板块，雪浪中学教师全程参与了各个板块的活动。

2012 年 5 月 8 日，雪浪中学的 6 位教师赴海门市东洲中学参加由江苏省初中教育科研协作联盟举办的基于"服务学生自主需要的课程开发"主题的数学学科专项研究活动。这次活动有全省数十名教育专家、教授，18 所联盟学校的数百名教师参加。

2012 年 3 月 14 日，雪浪中学承办了无锡市教研员现场培训活动。教研员、教师分语文、数学、外语三个学科与华东师范大学三位教授及市教研中心领导，以此次随机课、展示课为范本，对有关教育教学的问题进行了更深层次的探讨与交流。

这些活动，作为一种外部力量，推动着雪浪中学的教师们自觉而快速地成长起来。

3. 通过"同课异构"等方式，加强课堂教学实践

期末的复习课常常简单重复、效率低下，学生学不到新知识又浪费时间，如何才能使复习课上出新意，使复习课像新授课那样有趣、有挑战呢？

为此，雪浪中学开展了"同课异构"期末复习研讨活动。全校 3 个年级5门学科的57名教师共同参与了这一活动。复习研讨活动主要以各学科备课组为单位。针对同一复习内容，同一备课组的教师采取"背对背"备课的方式，认真钻研教材，精心设计教案，共同听课、评课，研讨最佳的复习方式、授课方法。"同课异构"强调的是"同中求异，异中求同"。通过听课、评课，雪浪中学的教师共同探讨教学中的重点、难点，共同探讨教学的艺术，多元的角度、迥异的风格、不同的策略，在交流中碰撞、升华。这种多层面、全方位的合作、探讨，拓宽了教学思路，优化了课堂结构，有效提高了期末复习效率。"同课异构"复习研讨活动促进了教师在课堂中的优势互补，增强了复习活动的针对性、有效性。

雪浪中学的江苏省教育科学"十二五"规划重点资助课题
"初中小班额条件下创意课堂构建的行动研究"的开题论证会

正是在自觉的教学活动中，教师们的成长快速而坚实，一批优秀青年教师脱颖而出。顾新梅老师的《色彩的情感与印象》在"菁华杯"首届全国新课程中学优秀课例评选中获二等奖、《时间的表情》获2010年江苏省中小学美术教学录像课竞赛一等奖；顾炳峰老师的《电路连接的基本方式》获江苏省初中物理优秀课评比暨教学观摩活动一等奖第一名；周艳老师的《荷叶母亲》在江苏省"信息技术在学科教学中的有效应用"会课评比活动中获一等奖；刚参加工作不久的傅万旭老师在无锡市课堂教学比赛中获一等奖；华雁老师的 *Dream Homes Integrated Skills* 在2010年无锡市信息技术与学科整合课堂教学评比中获一等奖；浦庆华老师的 *Checkout* 在2010年无锡市信息技术与学科整合课堂教学评比中获二等奖；王绛惠老师在 2010 年无锡市初中优质课评比活动中获二等奖。通过教育科研这个平台，教师们学会了用研究的眼光去分析、解决教学中的困难，学会了用理智、成熟的心态去教育学生，用科学、严谨的标准去要求自己，逐步实现了理想课堂，摘到成功教育的甘甜之果。

无论是蠡园中学、江南实小还是雪浪中学，它们在专业发展的实践中，都有着共同的特点，那就是：通过主动的教育改革实践，来促进教师的发展，即教师的发展正是在主动的教育改革实践中进行的。

三、在自觉的教育改革中创造出教师专业发展的新形式

教师专业发展应该有哪些形式？随着教育的发展，教师专业发展面临着新的问题，以往的专业发展形式，有些可能不够用了，有些可能不适用了。那么，恰切的教师专业发展形式从哪里来呢？闭门造车、逻辑演绎吗？当然不行。恰切的形式只能来源于主动的教育改革实践。

（一）融通阅读：不同学校不同年段教师间的融通

读书是滨湖区的一大特色。"书香校园"、"书香致远"活动，是滨湖区的常规活动。在主动的读书活动中，他们创造了一种阅读形式，即融通阅读。这种阅读活动把幼儿园、小学、初中三个学段的几所学校的老师联合到一起，通过阅读打通不同学段间的壁垒，研究具有共性的教育问题。这样一种阅读形式同时也是促进教师专业发展的新形式，它超越了校际教研的形式，而能使不同学段的教师在共同的研究活动中分工合作、取长补短、相互启发、共同进步。

附 3-4 "大融通" 架起三校联合研究的桥梁[1]

————————————————————————————

（2011 年）4 月 19 日下午，沐浴着春日的阳光，"大融通阅读研究计划"小组第一次会议在无锡市育红小学图书馆召开。此项研究由蠡园中学、

————————————

[1] 周晓红．育红小学："大融通" 架起三校联合研究的桥梁 [EB/OL]．（2011-04-19）[2012-05-17]．http：//www.wxjy.com.cn/Item/16261.aspx.

育红小学、水秀幼儿园的校（园）长邱华国、潘望洁、李燕携学校阅读指导研究爱好者联袂开展。

邱校长以幽默的语言介绍了"大融通阅读研究"的缘起。他希望这项研究能促进七项内容的融通：幼儿园、小学、中学的纵向融通，课内外空间的融通，不同媒体艺术形式的融通，家庭、学校、社会主体的融通，课程的融通，研究者的融通等；实现四个"耦合"：人文素养与应试素养有机耦合，时间结构与内容结构有机耦合，模型设计与个性生成有机耦合，网络工具与人本工具有机耦合。

潘校长借助图文并茂的课件，介绍了国内外已有的相关研究成果，给与会代表呈现"巨人的肩膀"，启示研究者如何更好地根据儿童心智发展的规律来指导和改进儿童课外阅读方式，为学生的阅读之航点亮明灯。

李园长娓娓道来，所介绍的"大融通阅读研究计划"让大家明确了研究任务：教师，应"更像个教师"，成为学生阅读的示范者与专业指导者，让阅读为学生的幸福人生奠基。随后，研究小组的教师们也敞开心扉，畅谈与学生共读日子里的困惑，也提出了自己参加研究小组的美好愿景。大家各抒己见，平等交流。

书香氤氲的图书馆里，其乐融融，研究小组成员已经沉浸在浓浓的研究氛围中了。

"大融通阅读研究计划"小组第一次会议（右一为潘望洁校长，右二为李燕园长，背对镜头的为邱华国校长）

"大融通阅读研究计划"有自己的目的指向，同时也是一种使幼儿园、小学、中学纵向融通的形式。教师们在研究不同学段学生阅读特点的同时加强了合作，在这样的合作中，相互学习，相互促进，取长补短，相互融合。这样的形式，不仅走出了学校，而且突破了以往校际联盟的形式，走向了学段联盟。

（二）校际联谊跨区合作

无锡市滨湖中心小学是一所百年老校，创办于 1900 年。从南泉地方名人王星陛正式开办"养正学堂"起，至今已有 112 年的办学历史，是无锡办学史上历史最悠久的学校之一。滨湖中心小学在教育教学方面成就卓著，但为了进一步的发展，他们没有固步自封，而是放宽视野，通过发展教师来发展学校。滨湖中心小学的一个重要举措，就是开展校际联谊，加强与其他兄弟学校教师的学术沟通与联系。

例如，2010 年 3 月 18 日，滨湖中心小学与华晶小学来访的 9 位教师开展校际联谊活动，两校各有一位老师上了一节课，通过上课、听课及课后研讨，相互促进。2011 年 12 月 1 日，滨湖区的七所学校在滨湖中心小学举办"七校课堂教学校际联谊活动"，以听课、评课的方式促进各校教师的交流。

借鉴校际联谊的模式，滨湖中心小学还走出滨湖区，与无锡市直属小学无锡师范附属小学建立了战略合作关系。目的就是通过两校协作联谊发挥各校的优势，做到优势互补、资源共享，实现双赢。战略合作的主要内容是：从 2008 年起至 2018 年，两校建立为期十年的战略合作伙伴关系，两校合作领域主要包括学科教学研究、教师队伍建设、教育科研、学校管理等方面。特别需要关注的是，滨湖中心小学还就双方合作的具体形式做了细致的规划，争取合作落到实处，取得实效。

学科教学研究方面

（1）每学期两校联合开展一次学科的课堂教学观摩活动，双方各展示、交流优质观摩课不少于 2 节。

（2）每学期开展一次相关学科组联合交流与研讨活动，结合进行不少于 1 次的无锡师范附属小学骨干教师来滨湖中心小学的业务讲座培训。

（3）进行双方教学资料、资源的共享，提升教学的效率与效益。

（4）由无锡师范附属小学建设空中网络交流平台，甲、乙双方共同管理，双方教师共同参与，加强两校各科广大教师的教研互动。

（5）双方的重大教研活动互派人员参加。

教师队伍建设方面

（1）开展滨湖中心小学青年教师与乙方名、特、优教师"青蓝结对"工程。

（2）滨湖中心小学选派语数学科青年教师各2人、英语学科青年教师1人及一定数量的术科科任青年教师，与无锡师范附属小学骨干教师进行师徒结对，每2年为一个周期。师徒双方按两校商定的"青蓝结对"工程方案履行相关职责。

（3）滨湖中心小学每学期派结对青年教师到无锡师范附属小学进行为期2周左右的短期锻炼培训。

教育科研方面

（1）甲、乙双方相互参与对方学校教育科研课题的研究工作，共享课题研究成果，每学期开展一次教育科研课题研究的理论、经验与成果的交流。

（2）甲、乙双方共同探讨和研究学校特色课程的建设和国家课程校本化的建设，共享已取得的经验与成果。

学校管理方面

（1）两校每学期进行一次相关对口行政职能部门的工作交流活动。

（2）滨湖中心小学每学期派1名中层行政人员到无锡师范附属小学进行为期1个月的挂职锻炼。

（3）加强两校学校文化建设的交流和共建。

滨湖中心小学与无锡师范附属小学进行教学联谊活动

（三）立足学校，走出学校

育红小学是滨湖区的百年老校，闻名遐迩。育红小学的知名度与百年名校的积淀分不开，更与学校与时俱进的主动发展分不开。与所有的名校一样，育红小学的发展得益于一批优秀的教师，历任校长也都把学校的发展与教师的发展紧密联系在一起来考虑。育红小学的草根课题、晴雨轩读书会、"80后"教师家长会等，都是立足于学校教育实践、致力于教师专业发展的新举措。为了拓宽教师的眼界，育红小学还把教师专业发展的空间延伸到校外、区外、省外。为了培养青年教师，育红小学为他们安排了业务上的师傅，有的师傅在校内，有的师傅在校外。例如，一位老师的师傅在北京市中关村第四小学，这位老师会找机会到中关村四小来向师傅学习。为了拓宽老师们的视野，育红小学带领老师们来到北京，到北京有特色的小学参观、学习、研讨，到著名的"叁号会所"观看纪录片、参加讨论会，到著名的人艺小剧场观看话剧《茶馆》，参观国家大剧院等。

2011年11月，育红小学组织学校中层管理人员到北京市呼家楼中心小学参观学习。老师们就呼家楼小学的办学特色、管理模式及校园文化布置等方面的情况进行了深入了解和研讨，双方还就"多校区的管理机制与管理措施"、"校园环境布置"和"校本课程建设"等问题进行了探讨与交流。

育红小学教师在呼家楼小学与该校教师交流、讨论

校长对教师专业发展的高瞻远瞩与细节谋划，为教师的专业发展提供了广阔的空间。这样，学校发展与教师发展之间就形成一个良性循环：有高水平的教师，才能从事高质量的教育活动，学校才可能得到发展；学校发展了，便能营造良好的学习和发展的氛围，开展高质量的教育实践活动，教师便能够在高水平的环境中探索更高水平的教育实践，获得更高水平的发展……如此循环往复，不断上升，教师发展与学校发展形成良性互动，相互推动向前发展。

（四）与大学的深度合作

雪浪中心小学是一所百年老校，有着深厚的人文底蕴，是一所有特色的优质校，被誉为"中国百强特色学校"。当然，百年老校也要不断发展。2011 年 9 月，雪浪中心小学与江南大学人文学院正式签署协议，把双方已经开展的深度合作以制度化的形式确定下来。与其他小学与大学间的单向需求、单向知识输出不同，雪浪中心小学与江南大学的合作是真正的"优势互补、资源共享、合作共赢，共同发展"。

如在师资培养方面，江南大学人文学院选派高水平的教授加入雪浪中心小学的导师团，为雪浪中心小学的优师、名师工程提供专业支持；选派教授为雪浪中心小学的教师进行教育教学、教育科研讲座；选派专家、教授指导雪浪中心小学的教育科研，包括如何开展教育课题的申报、研究、评估以及科研成果的推广等；雪浪中心小学可以选派教师前往人文学院进行相关课程的研修。雪浪中心小学则作为江南大学学生的实习基地，为学生的各类实践活动提供平台，还选派优秀教师对他们进行实习指导。

第二节　最大限度地发挥教师的主体性

为什么教师只有在教育实践中才能获得更全面更丰富的发展呢？这是与教育活动本身的复杂性以及由此而带来的教师工作的高难度分不开的。

一、教育实践是多元复杂的实践

钱钟书先生在小说《围城》中有这样一句话：在大学里，理科学生瞧不起文科学生，外国语文系学生瞧不起中国文学系学生，中国文学系学生瞧不起哲学系学生，哲学系学生瞧不起社会学系的学生，社会学系学生瞧不起教育系学生，教育系学生没有谁可以给他们瞧不起了，只能瞧不起本系的先生。这段话幽默地描绘了大学里教育系师生的窘迫境遇，常被教育学者拿来自嘲。如果换一种思路来看教育学和教育学者的话，也许会得出不同的结论。与理科所研究的对象相比，教育学者所研究的教育实践太复杂了，因而不可能给出清楚明白的解释；与哲学、文学、社会学的研究对象相比，教育学者所研究的教育实践是有明确目的的复杂的现实活动，它不能脱离历史，也不能脱离社会实践，不能玄思、不能浪漫，亦不能只看现象，因而也不能得出抽象的、浪漫的结论来，它必须于复杂中把握本质，又必须于本质中找出丰富多彩的实践的根据来，因而是最难的、也是最高级的研究。

教育学研究的复杂性和高难度，正是源自教育实践的复杂和难度。从教育实践主体来说，教育实践的两类主体——教师和学生，是完全不同的两类人群，教师是成人，学生是未成年人。教师不仅要以成人的态度来对待未成年人的成长，还要能够以未成年人的角度来理解学生；不仅要处理好与学生的关系，还要能够对学生的学习与发展机制有深刻的洞察和把握；不仅要把握学生的心理与思想，还要有教授学生的知识和技能；不仅要有关于教育教学的知识、技能和态度，还要有对社会发展整体趋势的把握，能于复杂的情势中选择适宜的方式和方法。教师所从事的这种实践活动，岂止能用复杂来概括？教师所具有的从事教育实践的知识，也难以用一种单一的知识和技能来包含。

因此，研究者们提出了"教师的实践性知识"的概念。

1983 年，舍恩（Schön）出版了《反映的实践者：专业工作者如何在行动中思考》一书，针对技术理性模式提出了超越理性与实践的二元分离的实践认识论，对教师的反思与专家知能（expertise）的研究影响深远。①

率先对教师实践性知识进行研究的埃尔巴兹（Elbaz）将"教师实践性知识"称为"教师以独特的方式拥有的一种特别的知识"，它"以特定的实践环境和社会环境为特征，是高度经验化和个人化的；是关于学生、课堂、学校、社会环境、所教学科、儿童成长理论、学习和社会理论所有这些类型的知识，被每位教师整合成为个人价值观和信念，并以他的实际情境为取向"。② 她认为，教师实践性知识具有五种取向，即实践性知识被持有和运用的方式——情境取向、个人取向、社会取向、经验取向、理论取向。对学科教师的实践性知识进行了大量实证研究的 Verloop 等人则认为，教师实践性知识是构成教师实践行为的所有知识和洞察力，是隐含在他行为背后的知识和信念。③ 对于实践性知识的内容和结构，埃尔巴兹在专著《教师之思：实践性知识研究》中做了更全面的阐释。他认为，实践性知识的内容有五类：一是关于自我的知识，包括作为资源的自我、与他人相关的自我和作为个体的自我；二是关于环境的知识（milieu），即课堂、政治环境和社会环境的营造；三是关于学科的知识；四是关于课程的知识，包括课程的开发、组织、评价等；五是关于授课的知识，包括学习理论、学生和教学、师生关系等。④ 从埃尔巴兹关于实践性知识的论述中，我们可以体会到教师实践性知识的复杂性和多样性。教师从事教育实践活动的这种知识，只能在教育实践活动中获得。

教师的教育实践，还有难以言明但却极为重要的方面，即波兰尼所谓

---

① 舍恩. 反映的实践者：专业工作者如何在行动中思考 [M]. 北京：教育科学出版社，2007.

②④ ELBAZ. The teacher's "practical knowledge"：Report of a case study [J] //陈向明. 对教师实践性知识构成要素的探讨. 教育研究，2009（10）：67.

③ VERLOOP, et al. Teacher knowledge and the knowledge base of teaching [J] //陈向明. 对教师实践性知识构成要素的探讨. 教育研究，2009（10）：67.

的"默会知识"。我们可以用波兰尼在《个人知识》这本书中提到的著名的钉钉子的例子来说明教师的默会知识以及教师的教育实践所需要的高度的实践智慧和实践经验：

当我们用锤子钉钉子时，我们既留意钉子，又留意锤子，但留意的方法却不一样。我们肯定对把握着锤子的手掌和手指的感觉很警觉。我们对钉子的留意程度与对这些感觉的留意程度相同，但留意的方式却不一样。感觉不像钉子那样是注意力的目标，而是注意力的工具。感觉本身不是被"看着的"；我们看着别的东西，而对感觉保持着高度的觉知，这种觉知融汇于我对钉钉子的焦点觉知之中。①

也就是说，只有对自己的手掌和手指的感觉有着高度的觉知，才能轻松正确地钉好钉子。教师的教育实践也是如此。这样的知识是难以言明、难以通过静态的知识学习来获得的，只有在具体的教育实践中才能对它很好地把握——只有去钉钉子，才能学会怎么钉钉子。

波兰尼还举了一个盲人和他的拐杖的例子：

盲人探路时把传到他拿着拐杖的手和肌肉上的震动转化为他对拐杖尖所触到的东西的觉知，在此，我们就有了一个从"识知何样"到"识知何物"的转化过程，并可以看到这两者结构的高度相似性。②

波兰尼从行家绝技的传授方式来论证知识的默会性。他指出，技艺往往只能通过师傅带徒弟的示范方式来流传下去，而不能通过规定流传下去。徒弟通常是在师傅的示范下通过观察和模仿，在不知不觉中学会了那种技艺的规则，包括那些连师傅本人也不外显地知道的规则，"即使是在现代工业的种种行业中，难以确切表达的知识依然是技术的基本组成部分"③。这种说法，也能很好地解释为什么对教师教育实践有用的知识往往来自于教育实践。有调查表明，教师在师范学校里所接受的正式知识的学习，对他

①② 波兰尼. 个人知识［M］. 许泽民，译. 贵阳：贵州人民出版社，2000：83.
③ 波兰尼. 个人知识［M］. 许泽民，译. 贵阳：贵州人民出版社，2000：78.

们工作的帮助往往是最小的。①

　　对于教育实践的复杂性，我们也可从加拿大学者范梅南（Van Manen. M）对教育实践二律背反矛盾的分析中获得启示。范梅南认为，"教育世界当中一个最根本的冲突就在于自由和控制间的矛盾"②。

　　范梅南说，"在教育方面，有两种模式试图将自由与控制的冲突降至一个单一的价值。一方面是行为主义模式，由约翰·B. 华生（John B. Watson）和他的很有影响的著作《婴儿和儿童的心理护理》（*Psychological Care of the Infant and Child*）所提出的理论而建立。另一方面是本杰明·斯勃克（Benjamin Spock）的《幼儿和儿童护理》（*Baby and Child Care*）一书提出的心理分析和人本主义模式……行为主义模式导致了抚养和教育儿童中权威的、漠然的、操纵的控制方法论。相反，人本主义模式则导致了更加放纵、溺爱和温和的倾向，几乎完全放纵孩子的愿望和行动。……这种基本的自由和控制的二律背反导致了不同类型的学校：以最高秩序为理想所组织起来的那类学校，如……电影《一个国家的诞生》（*Birth of a Nation*）中所描述的那种英国的'打屁股学校'；还有那类试图实现最低秩序的学校，如进步教育运动中开放性学校的一些例子③。范梅南认为，如果对自由与控制的二律背反的阐释全部向一面倾斜的话，是有问题的。"儿童的生活既需要自由也需要秩序。他们需要受到控制的自由以及那种将自由推向前进的控制。……积极地指引孩子和让孩子自己去寻找方向的这种双重角色是对教育学思考的永恒的挑战。"④ "无数的矛盾、冲突、两极性、压力和对立物构成了我们教育的体验。……虽然生活中充满了矛盾，但并不是所有的这些矛盾的价值都始终是不和谐的。我们这个世界的山水风景是由各个秩序井然和秩序混乱的地区组成的；每一个秩序都有混乱作为背景，而这种混乱又提供了新秩序的可能性。当我们在这些地区内部或之间往来穿梭的时候，我们遭遇到不同的观点、标准、真理、期望、规则和原则，并将它们内在化。"⑤ 正是从这样看似混乱的结构中，范

---

　① 范良火. 教师教学知识发展研究［M］. 上海：华东师范大学出版社，2003：210-214.

　② 范梅南. 教学机智：教育智慧的意蕴［M］. 李树英，译. 北京：教育科学出版社，2001：83.

　③ 范梅南. 教学机智：教育智慧的意蕴［M］. 李树英，译. 北京：教育科学出版社，2001：83-84.

　④ 范梅南. 教学机智：教育智慧的意蕴［M］. 李树英，译. 北京：教育科学出版社，2001：84.

　⑤ 范梅南. 教学机智：教育智慧的意蕴［M］. 李树英，译. 北京：教育科学出版社，2001：85.

梅南发现了积极的教育学意义。他说:"教育学上的二律背反的矛盾不仅向我们的日常生活挑战,而且也需要我们作出反思性反应。……通过鉴别和澄清教育生活中的秩序化的和混乱的标准和矛盾对立面,我们就有可能找寻到更加富有思想的教育行动的基础。"① 作为从事教育实践活动的教师,必须要处理这种二律背反的矛盾。而能够智慧地处理这种矛盾的教师,就能够成长为一名优秀的教师、一个拥有教育机智的教师。

教师的教育机智,表现在教育活动的方方面面。例如,"她总是能找到适合每个学生或班级的调子"② 表现为"即使其他人已经对孩子失去信心了,我们仍然还是有办法'打动'学生"③,还表现为能够"即席创作"④,等等。范梅南说:"教育孩子或年轻人是很难的,不仅仅是因为教师十分忙碌,得不断地采取行动;而且是因为教师必须不断地以一种教育机智行动。一位不仅仅是作为知识传授者的教师需要不断地感知怎样做才是在教育上正确的言行。就像一个爵士音乐家知道如何临场演奏一首乐曲(去吸引观众)一样,老师知道如何临场从教育学上对课程进行临场的发挥(为了孩子的利益)。好的爵士音乐家的标准是审美的,而好的教育者的标准则是教育性的。自然,爵士音乐和教育的另外一个差别就是音乐是艺术的表演,而教学则是教育的活动"⑤ ——有趣的是,范梅南在这段话后加了一个脚注:与教学的"科学"(the "science" of teaching)相比较,教学的"艺术"(the "art" of teaching)经常用到。然而,这可能是一种不幸的概念。如果教学是一种"艺术",那么教室就像一幕"戏剧"、一种"表演"或某些如此人为的表演或产品。但是,教师的教学并非为了被人观看或欣赏其人为性的"表演"能力。或教学的目的在于成人与孩子,或教师与学生之间教育关系的意向。⑥

无论是从实践性知识的角度、默会知识的角度,还是从教育的二律背反的角度来看,都说明教育实践是复杂和高难度的。教师的充分发展,不可能

---

① 范梅南. 教学机智:教育智慧的意蕴 [M]. 李树英,译. 北京:教育科学出版社,2001:86.

②③ 范梅南. 教学机智:教育智慧的意蕴 [M]. 李树英,译. 北京:教育科学出版社,2001:207.

④ 范梅南. 教学机智:教育智慧的意蕴 [M]. 李树英,译. 北京:教育科学出版社,2001:209.

⑤⑥ 范梅南. 教学机智:教育智慧的意蕴 [M]. 李树英,译. 北京:教育科学出版社,2001:210-211.

在脱离教育实践的另外地方实现，而必须在真实的教育实践中才有可能。

二、教师是更高级的专业人员

长期以来，人们都认为教师这个职业并不如律师、医生那样专业，因此，地位低下、薪水不高也是理所当然的。而所谓的把教师放在更高的地位上，只是从教师所承担的教育下一代的重任上来提的，教师的专业地位实在是不能与专业的律师或医生相比。说到底，最多也只能算是"准专业"。

例如，日本学者佐藤学就认为教师是"准专业人员"。他认为教师是一个"中间人"。他说："'教师'这一角色拥有多面体般的复杂性，是借助若干中介项所构成的。……例如，教师这一角色显露出如下种种二元关系中的中介性质：'儿童'与'成人'、'母性'与'父性'、'外行'与'专家'、'大众'与'文人'、'学习者'与'教育者'、'实践者'与'理论家'、'艺术家'与'科学家'、'百姓'与'官僚'、'从属者'与'掌权者'、'凡人'与'圣人'等等。教师这一角色，无论怎样作出明确的界定，事实上是'中间人'（intermediator）。"[①] 对于教师"专业"这个概念，佐藤学认为，"'专业'这个概念本身原本蕴涵了若干矛盾。几乎所有教师都意识到自己的职业是'专业'，然而大半的教师都无视了这样一个事实：教师职业实际并没有形成专业的内核。就实际而言，教职并不是专业。这同其他的专业（大学教授、律师、医生）相比较，是一清二楚的。教师在需要拥有为公共福利作出贡献的责任和高度专业性的工作性质上，是充分满足了成为专业的必要条件的，不过，相应于专业的专业知识与科学技术并没有确立，相应于专业的研究生阶段的培养与研修体制并不完备，相应于专业的自由与自律并没有保障，没有组织专家协会推进作为专业的自律资格的认定与进修，作为专业管理自身权限的机构及伦理都没有规定。作为专业的社会制度的几乎所有要件都不齐备。教师事实上处于'外行'与'专家'之间，而绝不是专家"[②]。也就是说，在佐藤学那里，教师并不是专业人员，而是一个"中间人"，是一个"准专业人员"。

但是，佐藤学关于教师是准专业人员的论断，并不是要贬低教师的专

---

①② 佐藤学. 课程与教师 [M]. 钟启泉，译. 北京：教育科学出版社，2003：209.

业性，而恰恰是要从教师的"中间人"或"介入者"的角度，来论述教师专业的独特性和复杂性。佐藤学认为，可以从教师是"中间人"这一现象出发，"作为积极的契机加以把握。'中间人'（intermediator）也是'介入者'（mediator）。而教育作为有意义的经验形成、作为创造性的行为实践的契机，也是在这种'中间领域'的'裂缝'中得以准备的。作为'介入者'的教师在多元的、多层的'中间领域'中，以人与事物及人与人为媒介；以课堂内外多样的文化为媒介，通过交流与沟通，在学校与课堂里展开构筑文化的公共空间的实践"①。

佐藤学认为，可以用"回归性"（reflexivity）、"不确定性"（uncertainty）、"无边界性"（borderlessness）这三个反映教师工作特征的概念来考察作为"中间人"的教师所体验的经验世界。

这三个特征，在某种意义上可以说是消极的，但这种消极的方面正体现了教师工作的复杂性和多元性，也正是教师从事创造性活动的基础。例如，从积极的意义上来看，"教职的'回归性'拥有反思教师实践的性质，立足于同课堂内外的文化活动的循环，形成了60多平方米的课堂里生成的种种具体经验的基础"②。所谓"不确定性"，是相比于专业的许多问题都需基于科学的见解与合理技术的"确凿性"而言的，在这个意义上，"教师的工作几乎是由'不确定性'所支配的。……从某种立场看是完满的实践，在另一种立场看来却往往是全盘否定的"③。当然，正是这种不确定性，"体现了教育实践的语境依存性、价值多元性和理论复杂性"④。同样的，"无边界性"也被视作对教职批判的一个特征。"医生的工作是通过治愈一种疾病而告终结，律师的工作是随着一个案件的结案而终结，教师的工作则并不是通过一个单元的教学就宣告结束。教师的工作无论在时间、空间上都具有连续不断地扩张的性质……带来了教师的职域与责任的无限制的扩大……这种职域与责任的'无边界性'带来了教师日常生活中的繁杂、教职专业的空洞化和职业认同的危机。不过，这种'无边界性'同时又为教职的职业领域中要求的综合性、统整性、自律性准备了基础。"⑤

---

① 佐藤学. 课程与教师［M］. 钟启泉，译. 北京：教育科学出版社，2003：211.
② 佐藤学. 课程与教师［M］. 钟启泉，译. 北京：教育科学出版社，2003：211-212.
③④ 佐藤学. 课程与教师［M］. 钟启泉，译. 北京：教育科学出版社，2003：212.
⑤ 佐藤学. 课程与教师［M］. 钟启泉，译. 北京：教育科学出版社，2003：212-213.

　　从教师的这样三个特征出发，佐藤学借用施瓦布（Schwab，J.）关于恢复"课堂话语"、主张教师的"实践方式"的独特性来探讨以课堂为基础的课程改造的可能性。施瓦布区分了"理论方式"与"实践方式"，并提出了改造的可能途径。"'理论方式'的特征是，目的在于形成新的知识，其内容在于特定事实的严密认识，其方法在于从已知知识过渡到可能解决的未知知识；而'实践方式'的目的与其说是旨在特定知识的形成，不如说是旨在实践问题解决的一种决策。其认识的内容不是严密的特殊的知识，而是综合多样理论所获得的总体的认识，其方法不能不是立足于不确定的前提进行未知问题的解决。他把这种'实践方式'的方法特征概括为两个：'熟虑术'（art of deliberation）与'折中术'（art of eclectic）。所谓'熟虑术'不是以'理论方式'为特征的新的知识的发现与形成，而是已知知识的深化与再解释的方法；所谓'折中术'不是从'理论方式'为特征的特定理论的视点出发的有限的阐明，而是从'理论方式'独特的特定理论出发作出的有限阐明，意味着从多样的视点出发取舍选择综合多样理论的解决实践问题的方法。"①

　　从这个意义上说，教师怎么可能是"准专业人员"呢？教师分明是更高级的专业人员。这从范梅南所揭示的教育活动二律背反的矛盾，以及教师对这种矛盾的化解中也能得出这一结论。教育活动中的二律背反矛盾，使得教育实践活动比任何一种理论都来得更为复杂，当然也是和其他专业活动不同的另一种专业活动，而且是更复杂更高级的专业活动。在这一点上，与其说教育实践活动是"准专业"活动，不如说它是更高级的专业活动，它不仅需要确定的技术，更需要教师全身心的投入、需要教师的教育智慧，因为它关涉人的情感、敏感、感动、体验、价值等为人所独有的高级心理活动。也正是在这个意义上，从事教育活动的教师，是更高级的专业人员。在这个意义上，范梅南把教育实践放到了一个更高的位置上，也对教师工作的复杂性做了更充分的理解。

　　当然，一般人并未意识到教师工作的复杂性和专业性，一般的教育研究者也未能意识到这一点，就连教师自己都可能没有充分意识到教育实践的复杂性和难度，更没有意识到自己工作的高度专业性。佐藤学说道："教

---

　　① 佐藤学．课程与教师［M］．钟启泉，译．北京：教育科学出版社，2003：227.

育研究者一般对于教师们的复杂工作的理解、对于课堂现象的复杂性的理解，是相当浅薄的，对于这些实践问题的解决是软弱无力的。其实，指导教师实践的研究者相当多，但从教师们拥有的复杂难解的课题中学到东西，与教师共担忧、合作地探讨解决方略却是相当少。愈是对教师指手画脚的研究者，教师的工作愈是被简单化的理解，支撑其指导与建议之根据的自己的研究愈是薄弱。令人啼笑皆非的是，这些研究者对于教育实践的复杂性与困难性的无知与自己的专业领域的理论研究的混沌性，却恰恰愈是容易作出傲慢的建议与指导。尽管如此，这些指导性的研究者之所以存在，是由于教师自身也被'教学研究'的框架所束缚，实践情境的混沌性、孤独和焦虑引发了从属于权威的诱惑所致。这样，教师与教育研究者同符合契，使得'教学研究'的恶性循环处于万劫不复的境地。"① 佐藤学的这段话，既说明了教学实践的复杂性，也阐明了不了解教育实践的教育研究者的浅薄和危害，同时表明之所以有这样的研究者，就是因为有不自信的教师。

教师是教育实践的主体，只有教师才能真正了解教育实践的复杂性、多元性。当然，教师要真正成为主体，就要主动去从事教育实践，自觉地进行教育改革实验，坚持理论学习，从而把握教育活动的规律，增强从事教育实践的自信。

第三节　通过发展教师来发展学校

教师的自觉成长要在主动的教育实践中进行，学校的发展（当然包括学生的发展）则必须依赖教师的发展。

一、学校的发展，首先是教师的发展

要想办一所好学校，必须首先关注教师的发展。滨湖高级中学校长王惠东认为，学校管理，要以人为本。"学校的发展，必须是教师的首先发展"②，学校管理制度的创新，要从增进教师自由度的角度来思考，不能为

---

① 佐藤学.课程与教师［M］.钟启泉，译.北京：教育科学出版社，2003：233.
② 王惠东.学校管理在于增进人的自由度：对学校管理制度创新的几点思考［J］.辽宁教育，2012（2）：39.

了创新而创新，也不能仅从效率的角度出发来创新。

　　真正的改革实践，一定会使教师从中受益。滨湖区的校长，之所以能够带领学校走上健康发展的道路，就是因为他们总是把教师发展与学校发展联系起来思考，主动带领教师参与改革，通过发展教师来发展学校。这样的思路，就不是埋怨教师、谴责教师的思路，而是把教师作为改革的主体，与教师一起通过改革来发展的思路。

　　无锡蠡园中学的选班而学、选级而学、学业水准研究等都闻名全国，蠡中也成长起一批有干劲儿的优秀教师，如高峰、钱云祥等。有研究指出，教育改革的重要阻抗来自教师，因为教师并不愿意打破已经形成的稳定的局面去进行不能预知结果的改革。在蠡中，情况却恰恰相反，老师们积极主动地参与到改革中，发现问题、解决问题。为什么在蠡中情况有所不同呢？原因可以列许多，但不能不说与校长邱华国的治校理念分不开。邱华国有一篇工作日志，名叫"让老师们少一些'被折腾'"。这篇日志从学校的教育哲学、组织制度、办学标准等几个方面，分析了学校与教师之间的关系，深刻地说明只有理性办学、"不折腾"，才能让教师有更自由的工作和更大的发展空间。进一步说，只有教师发展了，学校才能获得发展。

附 3-5　让老师们少一些"被折腾"（节选）①

　　"折腾"，就是重复做一些无意义、无关联甚至不必要的事情，消耗大，效率低。看我们的学校管理，毋庸讳言，当前还有相当一部分教师经常感到处于"被工作"、"被折腾"的状态之中。他们一方面整天忙得像个陀螺，下班回到家身心俱疲；一方面又难以感受到自己的工作价值——"不知道一天到晚瞎折腾些什么"成为许多老师的口头禅。

　　……

　　显然，我们管理者不会故意"折腾"教师。但是，在无意识中、在不知不觉中、在无可奈何中"折腾"老师的事情还是很多的。

　　一、"方向不对决心大，愿景不明干劲大"，老师们就容易"被折腾"

　　老师的工作，与学校教育管理的方向密切相关。学校管理层如果对学

---

　　① 邱华国．让老师们少一些"被折腾"［EB/OL］．（2012-01-14）［2012-08-30］．http：//www.bhjsyxw.cn/tresearch/blog/showArticle.jsp？ArticleCode=646359598&CID=00047.

校教育发展的方向把握不当，那么，决心越大、干劲越足，从较长时间来看，其对教师的"折腾"往往也会越大。如，有些学校动不动建设若干"工程"，在短期内动用大量的时间、人力、政策资源，学校某一两方面的工作也因此而确实出现了短期的繁荣，但是这些"工程"往往是非常态下运作，时间一长，高潮一退，各种资源支持渐渐不足，领导、教师干劲也渐渐消退，这就容易变成"半拉子工程"。一个"半拉子工程"，就是一次对教师的大折腾。

……

二、"制度不全要求多，执行不力重复多"，老师们就容易"被折腾"

学校是一个集体组织。一个组织的规模越大、复杂性越大、效能要求越高，其管理的制度化要求往往也就越高。好的制度，就是让人简单相处、有效做事。但是，从一件事、一天的时间来看，没有制度，只有管理者的要求，"简单相处、有效做事"就能实现。可是，从长效来看，显然，不系统、不持续的管理者的临时要求的叠加，会让学校管理陷入低效甚至混乱，这时，教师就难免"被折腾"。当"根据规则做事"成为学校管理的一种文化，教师的"被折腾"就可以大大减少。

……

三、"标准缺失规定多，流程缺失经验多"，老师们就容易"被折腾"

如何评价教师的工作，传统方式有五：一是职称体系，二是考试成绩，三是各级的奖励体系，四是校内的绩效体系，五是基于领导、同事、学生的主观评价。长期以来，这些评价体系，显然对我们的教师管理起到了一定的作用。但这些评价，主要是"事后终端评价"，是"对于"教师的评价，而不是"事中评价"，不是"为了"教师的评价，更不是基于"为了"学生的评价。因此，尽管对教师的发展能起到一定的"导向"作用，但对教师的实际工作所起到的实际"指导"作用不显著。而在现实中，我们的管理者为了显示评价的公平性、真实性，往往要让老师做大量的材料整理、论文发表、课题成果、会议记录等应评工作。这样，久而久之，教师做了许多不得不做的、但与真实促进教育质量相关性不大的工作——于是，教师的"被折腾"就出现了。

那么，如果不这样评价教师，又如何评价呢？这正是当前我们的教育需要引起足够重视的问题。不能较好地解决教师的评价，就不能较好地促进学校的教育。

......

如何基于课程标准，建立校本化的"助学水准"体系，让学校的教学质量提升，超越"经验型"为主的渠道，走向"基于标准"的经验，这正是我校当前正在努力思考与探索的事情。

......

邱华国的这篇日志，从一个校长的角度，说明了好的学校管理要首先关注教师、尊重教师，不能"折腾"教师。"折腾"教师，实际上就是"折腾"学校、"折腾"教育。

二、教师是学校改革和发展的主体

教育活动趋善向美的本性，决定了改革是它的永恒的主题。但是，教育改革的主体，既不可能是外部专家，也不可能是校长自己，而只能是具体从事教育实践的教师。没有教师的主动参与，即使日常的教育教学实践活动都不可能，更遑论改革。但人们又常常听到教师并不愿参与改革的案例。那是为什么呢？

联合国教科文组织国际教育发展委员会编著的《学会生存——教育世界的今天和明天》中有一段话似可解释这种现象。"革新理论家们设计的许多方案，其目的似乎是强加在教师们身上的，是向他们提出的，而不是和他们共同提出的。这种专家统治论的家长作风是由于他们不信任教师，因此反过来引起了教师对他们的不信任。总之，教师们并不反对改革，他们反对的是别人把改革方案交给他们去做的那种方式，更不用说把一个改革方案强加在他们身上了。"① 这段话与现实中的情形高度一致。事实上，教师们并不是反对改革，而是反对改革的方式，或者反感所谓的改革者对待他们的态度。凡是教师主动参与的改革，往往是教师认为真正值得进行的改革。而教师不愿意参与的改革，通常是没有征得教师的同意，甚至是强加于教师身上的，而不是教师们自愿进行的。因此，如果改革不是由教师

---

① 联合国教科文组织国际教育发展委员会. 学会生存：教育世界的今天和明天［M］. 华东师范大学比较教育研究所，译. 北京：教育科学出版社，1996：222.

提出而是由教师之外的其他人所发起，那就必须解决以下几个问题：教育改革要获得教师的理解和支持；指导教师投入教育改革当中去；关注教师对教育改革的态度。

1. 教师是教育实践的主体

2005 年 12 月 5 日，蠡园中学召开了全校教学工作会议。用一般的眼光看来，这个会议只是宣布了蠡园中学将要启动课堂教学改革的消息，除此之外并没有什么实质性的内容。因为它并没有给出一幅规划得清清楚楚、明明白白的"蓝图"，也没有号召大家按图索骥去追求翻天覆地的变化，只是在"静悄悄地酝酿"。

会议之后，全校教师反复商议、讨论，甚至争论，不断思考和酝酿蠡中的改革方案。每一个教师都为自己所在的学校献计献策。一位老师回忆校长邱华国当时的做法："虽然他自己的想法一经老师们研究被全盘否定，但是他一点也不生气。……遇到什么事情，如果大家感觉有什么不妥，都会跟他说。"正是在这样自由的氛围下，一位教师提出，蠡中的教育改革应该建立一套学生帮助系统和监控系统。这样一句话，激起了老师们强烈的共鸣，也成为蠡中此后学校教学改革的核心概念。

蠡中的改革与一般意义上的学校教育改革有着明显的不同。它最开始的方向性思路的确定，就是开放式的。这种"不确定"并不是随意、随便的，而是基于对学校定位、学校发展以及实践问题的综合认识基础上的一种探索。老师们反复思考和讨论的是：

学校课堂教学的方向是什么？

学校课堂教学想要解决的主要问题到底是什么？突破口在哪里？

学校课堂教学改革的目标到底是什么？

学校课堂教学改革与现实的应试会发生冲突吗？如果发生，怎么办？

在学校的课堂教学中，教师的作用到底是什么？

学校的课堂教学改革需要模式吗？如果需要，是什么模式？这种模式是在实践中生成，还是在理性设计中生成后再引领实践的？

……

历经半年时间的酝酿，蠡中的"五助教学改革"框架以及"五助"教学方略模式图和操作程序图完成。

蠡园中学的这次课堂教学改革，因为是学校自己摸索的新路，没有先例，一部分教师对这种不同往常的教学模式也曾产生过质疑：为什么"自助"环节要用去十几分钟，有意义吗？"自助"环节占用了以前用于听写或是纠错的时间，效果真的比以前好吗？没有疑问，也就没有动力，很多教师就是在这样的问题中开始切实钻研"六助"教学的。

2005 年 12 月 2 日，蠡园中学举行教学工作会议，决定实行"由教学外围改革向课堂教学核心改革"的战略转移。

2006 年 1 月至 9 月 17 日，大量的专题学习与研讨，明确"助生自助"的课堂教学改革的根本方向，并形成"六助"教学方略基本框架。

2006 年 9 月 18 日至 2007 年 11 月 10 日，前期试探性实践。

2007 年 1 月 4 日至 3 月 1 日，启动第三次创业战略，编写《"六助"基本法》，并对全体师生进行培训。

2007 年 11 月 11 日至 2008 年 1 月 3 日，调整课堂教学实践结构，深化试探性实践。

2008 年 3 月 1 日至 2008 年年底，"六助"课改深化实施，并形成典型案例体系。

改革，原来可以这样进行。没有全国范围的培训，没有课改专家的指导，没有"铺天盖地"的宣传，就在蠡中人自己的世界里，进行着对学校课堂教学的"涅槃"，履行着对学生们的最初承诺。

他们也四处"取经"，但是"取"不是目的，真正将好的地方"用"在学校的改革当中才是目的。

他们也无数次地"研讨"，但是并不满足于"六助"成果的孤芳自赏，而是在十多次的专题研究和讨论中，在十多次的专题调研与座谈会中，在七十多次的年级例会中，在几十次的师生一体化的学研活动中，在几十次的"周末加油站"活动中，让教师真正了解"六助"教学，爱上"六助"教学，和学生一起谱写心灵追逐心灵的和谐舞曲。

2. **教师即研究者：教育科研是在教师主动的教育实践中进行的**

无锡市华庄中心小学（简称"华小"）有项科研课题叫作"基于儿童情感发展的经历教育研究"。这项科研课题的重要特点是：于经历中情智共生，赋科研以实践底色。课题研究成员主要由学校管理人员、骨干教师组成。为什么要研究这样一个课题？这个课题是怎么提出来的？这个课题正是从教师的教育实践中生发出来的。

课题组认为："长期以来，我国传统的基础教育主要从智能入手，忽视学生的精神情感生活。""不解决情感问题，学生通往学习和成长的道路就关闭着。"于是，华小教师从情感、活动、经历入手，来研究教育问题，从事教育科研；而教育科研活动的展开又进一步激发着教师去从事主动的教育实践。

课题组还认为："人的情感绝不是自然成熟的，需要教育加以改造优化。"因此，教师们根据学生成长、发展过程中出现的具体问题，敏锐地把握学生的情感特点与需求，通过共同商讨，生成多样性的经历活动，让学生在经历中体验生活，感悟人生，学会发展，获得成功。

"教师即研究者"，是课题组在研究过程中秉持的一个基本原则。课题不是由外部的专家提出的，而是由教师提出的；研究也不是由外部的专家来做的，而是由教师们来做的。课题组注重教师在教育活动中发现的实践中的问题，并思考解决办法。华小的老师们认为，这项课题中的很多问题带有差异性、隐蔽性，不会像礼物一样主动地呈现出来，而必须由教师从复杂、疑惑和不确定的问题情境中主动建构出来。为了能够比较全面客观地发现和界定课题研究需要解决的问题，老师们在课题研究中既进行学校行动研究，又有合作行动研究，同时也有教师个体行动研究，也就是在真实的教育实践中开展教育科研。教师的研究过程和研究成果，也主要采用教育叙事、教育案例、教学课例等与教育实践密切相关的方式来记录和表达。例如，为了促进师生换位思考，加强情感交流，填平由于年龄差异带来的情感互通的障碍，华小开展了"我经历，我成长"师生成长故事的讲述活动。老师通过具体的情境，生动活泼地描绘出自己的成长经历，记录了平凡真实的人生轨迹，道出了成长过程中的真情实感。然后，让学生通过阅读、交流、点评的形式参与到老师的成长故事中来，进一步加强双方的沟通和彼此的理解。

可以说，教师的教育科研只有在教育实践中才有生命力。华小的情感经历活动是若干教师教育实践活动中的一个。情感经历活动的研究，是自觉为教师们的研究所搭建的一个草根化研究平台。在这个平台上，教师们把日常实践自觉作为对象来加以研究，通过研究来提升实践。正是在这样的研究和实践中，教师也成长起来了。

而华小也由于情感教育的研究而形成特色，这正是华小直面教育实践中的真实问题，在不断的探索研究过程中提炼出的办学特色。

3. 课堂是教师成长的实践现场

雪浪中心小学（简称"雪小"）以中国传统文化的精华"和合文化"作为学校建设的指导思想，提出了"和合教育"理念。在"和合教育"背景下，雪小提出了"和乐"课堂的理念。所谓的和乐课堂，就是要实现师生和乐，高效教学。在形式多样、不拘一格的课堂情境中，以生为本，快乐学习，合作互动，师生互补，培养学生学会学习以及思维和创新能力，培育学生心智、个性的全面发展。

雪小的课堂改进，从教学实践出发，立足"常态课"，上好"研究课"，展示"观摩课"，汇报"成长课"，提高"优质课"，会诊"问题课"，多形式开展课堂教学反思、诊断、提升等研讨活动，把课堂教学抓细、抓深、抓透，立足于教学实践去提高教师课堂教学的能力。

为改进课堂教学，教师们做了各种有益的尝试。例如：

导入教学，老师们创设和谐课堂情境，问题导入、时势热点导入、设置困惑导入、伙伴求助导入，引导结合，明确"和生"方向。

创设情境，让课堂具备"问题"、"互动"、"合作"、"探索"等基本要素，把握和合，来营造"和生"氛围。

师生之间互动合作，通过"合作"、"互动"、"碰撞"、"互补"等基本要素，以和致合，来构筑"和生"桥梁。

……

雪小认为，课堂教学的改进过程，也是塑造教师品质的过程。雪小的教师们知道，教学来不得半点虚假，教学效果是最好的试金石，每一位教师都要在岗位上磨炼自己，塑造自己的专业品质。雪小提出："品质教师不怕差班，不弃差生，总能带领学生进步，这样的教师才值得推崇。品质教师肯于钻研，勤于学习，善于反思，力于改革，常能关注自己的专业成长，这样的教师才值得赞扬。"

着力于课堂教学的改进，教师们必须自觉地提升自己的能力。雪小为教师们创造了各种提升和发展的机会。例如，雪小的教师可以去江南大学听课，请江南大学的教授直接参与学校的课题，研究学校的教学；雪小专门为语文、数学、外语三门主课的老师聘请了专家，组成"导师团"，由专家手把手指导教师进行科研和教学；组成教师间合作的"智囊团"，共同攻克教学问题；"青蓝计划"，骨干教师与青年教师结对子，切磋交流，合作成长……多元化的教师培养机制，使雪浪中心小学的教师队伍中涌现出一大批教学能手、学科带头人，教师的自我价值得到了最好的实现。

第四章

主动开展教育实验

　　每到滨湖，都能感受到滨湖的朝气、生机和活跃的思想。女老师优雅、漂亮，男老师幽默、帅气，共有的特点则是热爱无锡、热爱滨湖、热爱教育。登录滨湖教师研修网，总是能看到新的话题。研修网上老师们的工作日志，并不是应付差事的流水账，而是有实质内容的沉思、有独立见解的主张、有感染力的真情实感。到过滨湖的人，都会由衷地说，"滨湖是个好地方！"见过滨湖教师团队的人，总会发自内心地说，"滨湖的老师真不错！"滨湖区教育局的钱江局长睿智友好，每次见面，他并不夸夸其谈地摆政绩，而是跟我们谈滨湖的每一个有成绩的年轻老师有了怎样的进步，如数家珍；教研室的华文达主任幽默健谈，闲聊中总有说不尽的笑话，笑话中又饱含着他的睿智和情趣；办公室主任徐仲武，对每一所学校了如指掌，若由他带着去学校，你会觉得他在每一所学校都工作过多年。教研中心的黄一敏主任、钱春蕾副主任，谈起滨湖的教师专业发展，总是有说不完道不尽的话。蠡园中学的校长邱华国，是长江三角区的最有魅力校长，他走路风风火火，带起一股旋风，交流时总是能从不同的角度提出新颖的观点；育红小学的校长潘望洁，温柔婉约，神形俱像"林妹妹"，但她领导下的育红小学，却是一所有五个校区的大学校、好学校，因为她总是心系教育、心在学校，于生活的一点一滴中找出改进学校的好方法；水秀幼儿园的园长李燕，是 2011 年的全国十佳幼儿园园长，她南人北相，有着大气豪爽的性格，却又细腻深刻，于教育现象总能直率地提出自己的观点……滨湖在职的教师生机勃勃，即使是退休了的教师，也并没有离岗，依然心念教育，发挥着自己成熟教师的魅力，为年轻教师的发展尽心尽力。如退休教师丁晓伦和王中敏，退休不离岗，仍心系"名师工作室"的发展……

2010年，国务院颁布了《国家中长期教育改革和发展规划纲要（2010—2020年）》。在对照规划纲要看未来十年滨湖区教育发展的时候，我们发现，滨湖区的教育，已经远远超过了规划纲要未来十年要实现的目标。滨湖教育事业的规模发展，离不开当地社会经济的发展，但是，如果没有这样一支优秀的教师团队，很难想象会有这样优质的教育。

所谓"教育大计，教师为本"。滨湖区的教育成就，得益于滨湖区的优秀教师团队。在前面两章，我们介绍了滨湖区优秀教师团队的形成，也介绍了滨湖区学校和教师主动的教育改革探索。在滨湖，每一项教育改革探索，都是主动探索教育规律的改革，是遵循教育规律、追求更美好教育的改革，因此，滨湖区的改革探索，就与那些打着改革的旗号、为改而改、哗众取宠的改革完全不同，而是带有极强的实验性质，是自觉的教育实验改革。这样的改革，必须有全体教师的主动参与，而教师也在这样主动的改革中获得自觉的发展。

第一节　教育实验的重要目的是教师发展

可以说，教育活动本身就是一种饱含实验因素的主动活动。"任何教学不同程度上都含有尝试性的成分，这是因为教学活动在开始之前虽然已经规定了明确的目的和实现目的的方法，但由于教学对象、方法、条件的复杂性，在实施教学过程中不可能丝毫不差地按预定方案进行，并保证万无一失地实现教学目的。相反，教师在实际教学中总要抱着试一试的态度选择方法和实施教学，并且还要不断地总结和反思自己的教学，以求不断地改进方法、提高效率。所以教学活动总是不同程度含有尝试性的成分……可以这样理解：教学的尝试性成分也就是教学的一种实验性因素；说教学总是不同程度含有尝试性成分，也就等于说教学总是不同程度含有实验性因素。当教学活动中这种实验性因素还不很重要，所占比重还不很大的时候，那么这种教学活动还是一般性教学活动；而当教学活动中这种实验性因素大到足以使整个教学具有实验性质的时候，那么这种教学活动就是教学实验了。"① 教育改革实验就是要把教育活动中的实验因素自觉凸显出来，通过自觉探寻教育规律，进行教育改革，提升教育活动的品质。

一、教育实验的意义

凸显教育（教学）活动的实验因素，主动进行改革实验，不仅是促进教育活动发展的有效机制，也是打破沉闷、破除倦怠、实现教师专业发展的自觉途径。而且，教育教学改革实验并不神秘，它就在日常教育活动中进行，甚至就是日常的教育活动，只不过有了更自觉的实验意识，即通过实验去探索教育规律。历史上有影响的教育理论和教育实践都是从教育实验那里来的。例如，杜威的教育实验就是在芝加哥实验学校进行的，杜威的教育理论就得自于他的教育实验；美国学者布鲁纳领导的"结构课程改革实验"、苏联学者赞科夫进行的"教学与发展实验"，也都是在真实的教育环境中进行的教育实验。从 20 世纪 80 年代中期开始，我国民间的几个重要的、有影响的教育改革实验也是如此。例如，杭州大学教育系与杭州天长小学联合开展的"小学生最优发展综合实验"、南京师范大学教育系与南京琅琊路小学联合开展的"三个小主人实验"、北京师范大学教育系与河南安阳人民大道小学联合开展的"小学生主体性发展实验"，等等。王策三教授在谈到"小学生主体性发展实验"的措施时说道："就是把我们平常那些有利发展小学生主体性的东西（课程教材……），由不自觉的变成自觉的；由分散的变成系统的；由不明确的变成明确的；把好的地方发展起来，把不好的改掉。"② 教育实验不神秘，唯有增加自觉性而已。

因此，可以说，教学改革实验就在教育实践中。更确切地说，它既在教育实践之中，又在教育实践之外。在其中，意味着不讳言、不逃避，能够正视教育实践及其问题并自觉地于其中去改造它；在之外，则意味着对教育实践的自觉超越与改造。身在其中而又游离于外，是教师从事教育活动的高境界。教师既能扎根于自己的日常教育实践，又能跳出日常思维和日常行为的惯性模式，自觉地进行教育实验，通过观察、研究、批判，就

---

① 王策三. 教学实验论 [M]. 北京：人民教育出版社，1998：25.
② 王策三. 对小学生主体性发展实验的一些认识 [M] // 王策三. 教育论集. 北京：人民教育出版社，2003：230.

能够找到极具生命力的有效的改造举措，而教师也从这样自觉的教育实验中发展起来。

为什么要强调教育实验呢？

一则是因为，教育实验是通过主动变革教育活动的某些因素，来促使教育活动回答教育问题的一种形式，使得人们能够在短时间内发现教育活动的规律，有利于人们根据规律去主动地改造、改革教育活动。

二则是因为，本来应该具有主动特征的教学活动，在表面上看起来日复一日、年复一年的活动中，变成了无需反思、理所当然的活动。老师"拿着一张旧船票"，"唱着过去的歌谣"，"涛声依旧"，循着已有的经验，应付每日都会发生的变化。在这样的情形下，日常教育活动的例行化行为、迟缓乃至几近于停滞的日常思维，倾向于维护已有的行为模式和思想路线，甚至，在以教育为主导活动的学校里，教育活动反而成为极少需要有意识关注的东西，教育实践处于消极的自在状态而非积极主动的、自觉创造的自为状态。这种状态又不断强化着日常思维及习惯化模式，将教育活动的目的性、主动性、自觉性渐次化解，甚至成为平庸的、低水平的简单重复。在这种情况下，教育活动要么沉闷无活力，要么就是为了所谓的生动活泼胡乱改革。作为一种自觉的活动，教育实验恰恰在打破教育实践的日常固化模式方面有较大的优势，它迫使人们从繁杂的日常教育生活中跳脱出来，从熟视无睹的慵懒状态中警醒，从日常的"无意识"状态转向"问题"状态，并致力于问题解决。就此意义而言，教育实验实为日常教育实践的一服解毒良药。

关于教育实验对教育活动的改造作用，早在20世纪初，我国的教育家就有深刻的体会，并进行了亲身实践。陶行知在《试验主义之教育方法》中讲道："然近二百年来，教育界之进步，何莫非由试验而来？……吾国办学十余年，形式上虽不无可观，而教育进化之根本方法无人过问，故拘于古法，而徒仍旧贯者有之；慕于新奇，而专事仪型者有之。否则思而不学，凭空构想，一知半解，武断从事。即不然，则朝令夕改罢，偶尔尝试。……何怪乎吾国教育之振也！故欲教育之刷新，非实行试验方法不为功。盖能试验，则能自树立；能自树立，则能发古人所未发，明今人所未明。"①

---

① 陶行知. 陶行知全集：第一卷 [M]. 成都：四川教育出版社，1991：244-246.

1918 年，身为北京大学校长的蔡元培于天津做《新教育与旧教育之歧点》讲演，也提出"治新教育者，必以实验教育学为根柢"①。而教育实验的创始人之一、德国教育学家拉伊，更是强调实验在教育研究中的不可替代的作用，他明确指出："为了解决教学和教育中的各种问题，可以卓有成效地采用实验的研究方法，即特别适宜在教育上运用的实验、统计科学和客观或系统的观察。"② 由此可见教育实验之重要意义。

我国在 20 世纪初，就有自觉的教育实验。"1916 年至 1917 年间，上海万竹小学试行以手工为中心，联络各科教材的教材中心联络法。他们把这种方法试行于一年级，用篾丝、棋子、贝壳、纱绳等廉价的小玩艺作为手工材料，让学生用这些材料习字、搭画、做算术。"③ "这是中国试验教材联络的最初尝试。"④ "1919 年秋，南高师附小在俞子夷主持下，首先在中国研究和试行设计教学法。"⑤ 在 20 世纪 20 至 30 年代，中国教育实验有了第一个高潮期。此后由于各种原因，中国的教育实验一度沉寂。至 20 世纪 80 年代，中国教育实验又迎来第二个高潮期。1988 年 10 月 25 日，中央教育科学研究所与华中师范大学《教育研究与实验》杂志社共同发起了教育实验的理论与实践学术讨论会。之后，每两年一届的"全国教育实验学术讨论会"成为惯例。另外还有一些关于教育实验的研讨会，如在 1990 年 4 月召开第二届全国教育实验学术年会之后，同年 12 月又在武汉召开了一次小型的教育实验理论问题的研讨会；1992 年 9 月由《教育研究》杂志社、四川省教育科学研究所、天津教育科学研究院三家共同主办了中国教育实验科学研讨会，等等。教育实验成为实践者和教育学理论工作者共同关注的重要问题。从单项实验、学科性实验到整体改革实验，中国的教育实验开展得轰轰烈烈。到 1988 年召开全国第一届教育实验学术讨论会之前，教育实验在广度和深度上都已有了很大的发展。"首先是范围广。不同目的、不同类型、方式的教育实验遍及全国。有的县就有几十种类型、一百多个实验点；有的单项实验遍及全国，有 5000 余实验点，近 100 万实验对象。可

---

① 蔡元培. 蔡元培教育文选 [M]. 北京：人民教育出版社，1980：49-50.
② 拉伊. 实验教育学 [M]. 北京：人民教育出版社，1996：1.
③ 万竹小学教员. 手工中心教授谈 [M] // 瞿葆奎. 教育学文集：教学 上. 北京：人民教育出版社，1988：340.
④ 瞿葆奎. 教育学文集：教学 上 [M]. 北京：人民教育出版社，1988：340.
⑤ 瞿葆奎. 教育学文集：教学 上 [M]. 北京：人民教育出版社，1988：341.

见，教育实验在我国已具有相当规模了。"① 教育实验高潮的出现，正是人们主动积极地探索教育规律的体现。

一项教育改革实验，目的大抵都在通过主动寻求、揭示教育活动的规律，建构更科学合理的教育活动机制，来更好地促进学生和教师的发展。无论是小范围的教育实验，还是学校整体的改革实验，都需要教师的主动参与、自觉实验。就教师发展这个角度而言，教育改革实验与教师的发展是相辅相成的。教育改革如果没有教师的主动参与，不仅不可能成功，而且根本不可能推行。而在改革实验的过程中，如果没有促成教师的专业发展，那么，或许这个改革实验是为改革而改革，既无改革的必要也无改革的价值；或许这个改革实验没有得到教师的认同，教师并未主动参与。因此，寻求教育活动中真正需要改革的问题，通过教师主动参与的改革实验来促进教师的发展，既是提高教育质量、改进教育活动的重要途径，也是促进教师主动、自觉发展的重要途径。

二、教师是教育实验的主体

霍德（Hord，S.）等人（1987）提出了关于教育变革的假设：

（1）变革是一个过程而不是一个事件。变革不单单是一个新的方案，相反的，它是出现于一段时间的过程，这个过程有时候会是几年。认识到这一点，是成功进行改革的先决条件。

（2）变革是由个人完成的。变革对个人有一定的影响，同样的，人们在变化的过程中也扮演着一个非常重要的角色。因此，应该把人作为一个革新方案的焦点，而不是方案本身。只有当全体教师都参与到革新中，一个学校才有可能发生变革；只有单纯的命令是不可能发生变革的。

（3）变革是一种高度的个人体验。每一个教师对于变革都有不同的作用。当变革成为教师的内在需求时，是最为成功的。面对不同的教师有不同的回应和干涉是非常必要的。期望所有的教师和学生都对改革有着相同的反应，只会给改革设置绊脚石。

---

① 田贯.教育实验的理论与实践学术讨论会综述［J］.教育研究与实验，1988（4）：64.

（4）变革包含着发展。当一个教师从一个新的计划和变革中获得经验时，他们的情感和技能也相应得到了发展。当教师们变得更加有经验的时候，他们就会更加自信，并且将这种自信体现在变革中。

（5）变革在操作的过程中能够被更好地理解。教师们通常会把变革和革新同其对他们有什么意义或者说对他们当前的工作有什么影响相联系。他们会把这种变革看作自己和学生的行为、价值观和信仰的需要。他们也会考虑到进行这种变革，他们和他们的学生所需要的准备时间。这些顾虑应该是来源于对于成功的变革的追求。

（6）变革的核心所在应该是个体、创新以及它们二者的联系。大部分人错误地把变革的成果当作变革本身。为了使变革富有成效，重点应该放在那些能够完成变革的人身上，而不是变革的最终成果。如果一个教师不能确定变革是否能够给他自己和他的学生带来好处的话，他就不会尽全力去进行改革。①

霍德关于教育变革的假设，力图说明教育改革或教育实验，一定是全体教师参与的，而参与变革实验本身，也是促进教师专业发展的途径。即："变革包含着发展。当一个教师从一个新的计划和变革中获得经验时，他们的情感和技能也相应得到了发展。"

滨湖区的一位教师在与我们的交流中说："其实万变不离其宗，所有的教育改革都是为了让学生发展得更好。但是我觉得改革应该解决的是教师的思想问题，比如教师职业倦怠问题，等等，因为毕竟所有改革都是依靠教师来进行的，再好的改革，如果老师不理解、不接受、不满意，应该就不会有好结果。所以改革应该考虑如何帮助教师解决面临的问题。"

关于教育改革实验，滨湖区的老师们说：

教师应该在教学实践中发现问题，结合学校的改革实验，真正为学生做点什么。

我们学校开展的校本研修，让我真正投入到了教研活动中，我觉得一

---

① MCLNTYRE, O'HAIR. 教师角色［M］. 丁怡，马玲，等，译. 北京：中国轻工业出版社，2002：189-192.

个老师如果带着一种"实验"的心态，一种尝试、创新的心态去从事教学活动，一个学期下来，真的会很有收获。

（一）蠡中实验与教师发展

以滨湖区蠡园中学为例。蠡中教师的发展，正是在蠡中的改革探索和改革实验中获得的。打开蠡中的网站，不仅能看到蠡中独特的学校文化，更能看到教师们的发展。打开"蠡中荣誉"板块①，就有教师获奖的若干"喜报"：有赛课一等奖、论文一等奖、先进工作个人，等等，教师们生机勃勃，工作中干劲儿十足。有个性的老师也很多，数学老师钱云祥、语文老师高峰、英语老师周秀英……都是有个性的、优秀的教师，而校长邱华国更是蠡园中学众多教师中的杰出代表，他在学校网站上的个人介绍，也独具个性。以下是邱校长简介的摘录：

资质驽钝，孜孜苦读，终考得师范，聊求营生之谋。虽属误入藕花深处，倒也能怡乐其中，至今不觉已十有七载。九二年炎夏，安身立职于无锡蠡园中学，并获语文教员之位。零二年因"开放式语文教学"之影响评得无锡市中学语文学科带头人。只可惜日前似乎已沦落至仅能"骗"得"带头人"专项奖金之地步。零六年挤得语文高级教师之职称。语文教改，壮志未酬，以期振臂一呼之日矣！零一年任副校长兼教务主任，零三年任校长，以唐·吉诃德之勇，以"蠡中教育"之名，不惮于学校教育之系统改造，追寻"理想中的教育"。每遭不济，常以稼轩之句自砺："青山遮不住，毕竟东流去。"承学校五秩之文明，兴"五动"、"六助"之教改，育"积极"、"高效"之文化。"思想第一，制度第二，校长第三"，奉若学校管理之圭臬。

"全国中小学信息化管理创新校长"为最高之荣誉，虽为民间组织认定，但颇为自珍。次之为"江苏省全心全意依靠教职工办学的好校长"，奖项绝对正宗，只是"全心全意"实不敢担当——常窃思，"全心全意依靠"，吾心吾意何在？另有区劳模、杰出青年，市又红又专青年教师、市 2008 教

---

① 详见蠡园中学网站"蠡中荣誉"板块（http：//www.wxlyzx.com/eduinfo/list.php？catid = 49）。

育年度人物之改革实践奖、江苏省知识型职工标兵、省教育系统优秀党员、中国长三角最具影响力校长等荣誉。一张白纸，几行红字；三分惶恐，七分责任。

学校文化，品牌建设，课堂教改，校园资讯，家校合育，制度设计之属，孜孜参悟，时有所得。不时撰文，多有发表；各地巡讲，多有激情。

从邱华国的简介中可以看出，他的发展正是得益于他多年来主动的改革实践与自觉的改革实验。笔者对主体教育实验18年成就的总结也可以用来说明滨湖区教育实验与滨湖区教师发展的关系："主体教育实验的探索表明：教师的发展提高与实验的成效是紧密联系在一起的。一方面，没有主体教育实验，就不可能有实验教师如此自觉的成长，或者说，如果教师不是从事自觉的教育实验，就不可能有如此自觉的成长和提高；另一方面，如果没有实验教师的积极主动探索，没有他们在实验中的成长和提高，主体教育实验不可能持续进行，更不可能取得成效，因为实验的真正实施者是教师，教育实验的理念、教育实验的目标，都是通过教师的教育教学行为来体现、实现的。因此，可以说，衡量教育实验成功的一个重要指标便是教师的发展和提高。"[1]

（二）胡埭中心小学的"经历教育"与教师发展

在"十一五"期间，胡埭中心小学（简称"胡小"）提出了"给孩子一百种经历"。"我们经历，我们成长"，已逐步成为胡小人共同的愿景。"经历教育"的理念作为学校教育教学的核心价值观，已经开始渗透到学校管理的每一个细节，更与学校日常的教育教学活动特别是课堂教学进行了有机结合和渗透。

教师们认可"经历教育"的理念，并把它作为教研活动的主题，而"基于经历教育理念的有效教学"也成为教师们专业发展的有力"助推器"。学校每月组织一次学科组活动，每周组织一次教研组活动，每个教研组都认真反思，寻求教学中"低效讲解、低效活动、低效练习"等现象，以期达到"为每一位教师寻找最近发展区，顺应满足每一位教师的需要，引领

---

① 郭华. 我国教师专业发展的实践探索：主体教育实验18年回顾 [J]. 北京师范大学学报：社会科学版，2010（5）：22.

每一位教师在自我实现中感觉工作的幸福，品尝成长的愉悦，体味自我的价值"这一目标。

经历教育的意义，不仅仅在于让学生去经历，同时教师也在经历。经历就是生命本身。当然，对于教育而言，"经历"并不是简单粗陋的偶然体验，而是要精心设计经历什么、怎么去经历；要规划经历的内容、经历的过程，更要挖掘经历的意义、提升经历的品质。胡埭中心小学的经历教育，不仅抓住了教育的核心，而且把经历教育作为教师专业发展的主要切入点。围绕学生的经历展开教师发展的"经历"，从而使教师能自觉从"经历教育"的角度去重新思考学生、学生的学习以及如何帮助学生更理性地去经历"丰富的"世界。也正是在这样一个自觉的思考和实践中，教师能够获得自觉的发展。

（三）蠡湖中心小学的"新目标教学"与教师发展

蠡湖中心小学围绕"新目标教学"来促进教师发展。所谓"新目标教学"是指，目标"新"及达成目标的方式"新"。所谓"达成目标的方式'新'"，就是强调课堂教学逐步做到在共同目标指引下，处理好"共同目标指引"、"教师有效指导"和"学生自主学习"三者的关系，处理好"预设与生成"的关系。

蠡湖中心小学召开一届二次理事会议，钱建国校长正向理事们汇报
"校本提升"三年发展规划以及第一年的实施情况，其中包括
实施"新目标教学"的具体实施目标和做法

围绕"新目标教学"，蠡湖中心小学展开了多种学习活动，例如，开展研究课观摩探讨活动，落实"新目标教学"的基本教学操作模型，确立"立标—达标—查标—补标—评标"的教学模型。经过一段时间的教学实践后，学校还为教师设置了交流平台——"目标教学大家谈"教师论坛，让教师们从自身教学实践出发对"新目标教学"模式进行讨论，激发了教师之间的思想交流与撞击。通过交流，教师们发现这一模式的运用在每一个年级段，都应根据学生情况做相应的调整，在不同的学科应有不同的侧重点。所以在各学科教师的共同研讨中，又形成了一些学科操作样式，这些对于教师的教学上有着"醍醐灌顶"的"点睛"，让教师们受益匪浅。

"目标教学"早有倡导。美国心理学家布卢姆主张的"掌握学习"以及"形成性评价"，可以称之为目标教学。更进一步说，任何教学都要完成一定的目标，而且要求目标明确、可实现。在这个意义上，目标教学并不新奇。但是，能够把目标教学做得如此细致，厘清它的逻辑结构、建立基本的教学模型，从而为深化课堂教学、提高学生的学习水平服务，则是不多的。

从教师专业发展的角度来看，"新目标教学"的每一个环节，都必须有教师的积极参与、投入。也正是通过如此细化的过程，才能够帮助教师转变对教学粗放的、经验式的理解和把握，进一步深入细化，从而更好地审视教学过程，更细致地审视自己在教学过程中的行为。这样，教师就得到了有意识的、自觉的发展。

第二节　在教育改革实验中增强教师的反思意识

之所以说教师在实验中能够得到发展，是因为在真正的教育改革实验中，教师不是实验的对象，也不是实验方案的简单执行者，而是实验的主体。教师必须主动参与到教育实验中来，实验才得以进行。滨湖区的每一所学校，都有自己学校的实验，每一个实验，都不是上级单位"下发"的"命题作文"，而是学校根据自身的情况、教师依据在实践中所遇到的具体问题以及在教学中初步总结出的经验而进行的带有很强学校特色的教育改革实验。

滨湖区的学校所进行的教育改革实验的效果之一，就是使教师养成了自觉的反思意识，能于常人熟视无睹的活动中看出问题，能于理所当然中发现意义。总之，眼睛澄明了，思想解放了。

我们在前面介绍了蠡园中学的诸多改革，其中一项改革便是极具实验性质的选班制改革。这项改革，最初是由切实的实践问题引发的，也是为了解决实际的困难而进行的改革，但是，随着改革的深入，究竟为什么要选班，选班的意义在哪里，选班对学生的发展有怎样积极的促进作用，选班制的课程如何设计、教学如何进行、需要有怎样相关的配套措施，等等，都需要认真考虑。蠡园中学在不断改革中，自觉地以实验的态度研究和探讨选班制的问题，并将它上升到更深层次的理论研究上。正是基于选班制的改革，邱华国带领着蠡中的老师们开始了由"选班"到"选级"的研究，由对考试的一般改革深化到对学校教育水准体系的研究，并琢磨着做中考的评价改革。

2012 年 3 月 1 日，无锡市蠡园中学召开了探寻"有水准"的学校体育教育研讨会。邱华国校长向全体参加研讨会的专家和老师做了"追寻'有水准'的体育教育"主题报告，其中包括对有水准的体育教育思想产生背景的介绍，对建设有水准的学校体育教育提出的思路和方法，以及对有水准的学校体育教学的期待与疑虑。基于蠡中的改革实验，邱华国校长撰写了《试谈建立学校教育水准体系之必要性》一文。

蠡园中学探寻"有水准"的学校体育教育研讨会现场

蠡园中学探寻"有水准"的学校物理教育研讨会现场

附4-1 试谈建立学校教育水准体系之必要性（节选）[①]

一、问题的提出

生活中这样一些现象引发了我的思考：我们去给孩子买鞋，只要告诉营业员鞋子的尺码，就能拿到一双基本合脚的鞋；我们看病转院，只要把在原来医院的病历卡、CT片子等给新的医生看，他就能大致了解病情的发展。鞋子生产商根据顾客群体脚的大小情况，确定鞋子的尺码，然后鞋子以尺码为准来生产和销售，便能满足顾客的需要；面对特定的疾病，诊断者应关注和描述它哪些方面的特征，医生这个行业内已就此形成一套公认的操作标准，即便病人中途转院，新的医生根据前一位医生依照这些标准的病征描述，再辅以各相关检查项的检查结果就可以与前一位医生实行较好的对接诊疗。

这些现象让我禁不住去想：在教育领域能否发展出一个针对学生的评估体系，它包含了学生方面一切有可能影响我们为学生提供什么教育的评估项，通过对这些评估项的诊断，我们便可以迅速地了解学生各方面的情况，进而确定我们应为其提供怎样的教育。同时，对这些评估项历时性的跟踪评测，还可以让我们看出学生身上所发生的那些具体的变化，进而使我们能够判断出：我们的学校是否促进了学生的发展，是否满足了学生的发展需要。

---

① 邱华国. 试谈建立学校教育水准体系之必要性［J］. 课程·教材·教法，2011（4）：107-110.

如果可以，那么是否也可以发展出一个针对教师专业发展的诊断、评估体系，一个针对校长治校水平的诊断、评估体系，以及一个针对学校内涵发展的诊断、评估体系?! 这一系列问题引发了我对建立学校教育水准体系的思考。

二、学校教育水准体系的概念解析（略）

三、建立学校教育水准体系的理论探讨

……对于教育，能确立一系列评测指标、建立一个评估体系，以使我们对教育教学的判断、我们的教育教学决策有据可循吗?

……

现代学校教育，特别是班级授课制下的学校，必然带有一定的"工业化"特点，这是由它的组织性质决定的，我们不能回避。……现代学校教育固然需要"传统农业"的智慧与性情，但同样需要甚至更需要"现代农业"的标准与效率。个别的教育，一对一的教育，主要凭智慧；而大规模的学校教育，则更为注重在整体标准之上的智慧。现代学校教育带有一定程度的"工业化"色彩，这是其必须经历的一个发展阶段。

再以教师专业发展为例……我们经常谈现代教师要发展个性，但很多时候，教师提的个性是假个性，是非常低位的个性。在我们看来，教师发展要分三步走：先是低位个性，然后是高位共性，最后才是真正的个性，即高位个性。过去基于经验的那种教学就像是"传统农民"的耕作，其所体现的个性仅仅是一种低位个性。现在的教师按照专业化的标准去教学，则可比作"现代农民"，其所体现的则是一种高位共性。再进一步，如果是智慧型的教师、校长，那么他们就可被称为"农技员"了，其所体现的个性就达到了高位个性的层次。而到了教育家型教师、教育家型校长这个层次，则可比作像袁隆平一样的"高级农民"了——他们到了突破标准、寻找标准、自定标准的境界。从这方面来说，我们需要做的是由 A 到 B、由 B 到 C、由 C 到 D，逐步地发展。但是，对于这种发展，当前尚缺乏可供参照的水准体系。

教育需要面对具体情境的智慧，也需要相对统一的标准。在教育教学中，教师的精力是有限的，若面对应该标准化的问题，却一味地要用"智慧"去解决，那么到真正需要"智慧"的时候，他的"智慧"实际已经被稀释了。标准并不是低人一等的东西，标准是另一种智慧，是被相对凝固的智慧。让更多的学校，不待教育家的出现，即可依据标准办成优良的学校，这正是建立学校教育水准体系的价值所在。

四、建立学校教育水准体系的现实意义（略）

五、要建立怎样的学校教育水准体系

目前的国家课程标准规定了学习内容的领域和疆界，以及对特定学习内容所应达到的掌握程度，亦即规定了课程内容标准和学生学业表现标准。我们认为，相较于课程内容标准而言，学生学业表现标准对教师教学具有更为重要的意义。但目前实践中仍在广泛使用的百分制并不能很好地体现学业表现标准的意义。例如，我们说"甲同学数学很好，得了85分，班级第三名"，要问他数学学得到底怎么样，就必须要了解整个班级的情况，然后再去比较才能知道。但如果说"甲同学数学很好，从D级标准上升到了A级标准，班上只有3名学生达到了A级标准"，这时，只要有一个明确的可参照的标准体系，我们就很容易判断他的数学水平了。当然，"表现标准"有时很难测量，但我们不能因此就回避它。越是难于测量的东西，就越要去寻找测量的方法。就如同"人为什么活着"这样的哲学问题，尽管始终没有找到答案，但找答案的过程就是有价值的。

我们要建立的这个学校教育水准体系有以下四个特点：第一，指向学生的和谐、充分发展。第二，校本化。即在国家、地方的总体教育教学要求下，要根据自己学校的实际情况建立学校的教育水准体系，而不是简单套用政府或其他学校的笼统的标准。第三，整体性。我们要建立的是学校教育水准体系，而不只是某一部分；即便就某一部分来说，也必须放入整体中才有价值。第四，持续改善。学校教育水准体系建立后并不是一成不变的，没有最好，只有更好。

学校教育水准体系的建立过程可以分为四个阶段：从"无标准"到"有标准"，再到"标准化"（标准化不是统一的机械化），最后到"化标准"（即不能总是简单地停留在一个固定的标准上不变）。制定标准及标准化是寻找规律的过程，是持续改善的动态过程，是梳理影响教育的要素及其结构关系并提出相关解决方案的过程。所以我们要强调一点，即教育标准化的核心价值在于其过程，而不在于结果。标准意识比标准本身重要得多。

当然，要建立学校教育水准体系还面临很大的困难。首先，这是一个系统工程，非常庞大。另外，要建立这样一个水准体系，不仅需要多个专

业领域的配合，而且还需要水准体系开发者具有一定的实践经验。这些都是无可回避的挑战。但是如果我们认识到了建立学校教育水准体系的重要意义，寻找到解决这一系列问题的突破口，我们就应该积极地去综合调动各种资源，逐步突破这个过程中的各个难关，坚定地向着我们所向往的目标前进。

142

邱华国在这篇文章中对教育活动的思考是全面而深刻的。他的这种深刻不是来自玄思冥想、逻辑推演，也不是闭门造车、脱离实际的产物，而正是他对现实的、他所从事的教育实验的深刻认识和反思。可以说，邱华国的深度思考离不开他的实验，而他的实验又得益于他的思考。从实践中得出理论，又在理论指导下进行更高水平的实践，这样，便有了更高水平的实践、更高水平的认识，面对丰富复杂的教育实践，才能冷静地反思、自信地从容。

在蠡园中学的教育改革实验中，成长起来一大批有思想、有作为的青年教师。学校的教学副校长钱云祥就是其中一位。钱老师从事初中数学教学，是无锡市教学能手。他不仅对数学教学有诸多思考，也对数学之外的更广阔的社会现象有自己的观察和思考。自 2007 年 7 月 1 日开设网上工作室以来，他已经写了 400 多篇"我的日志"。钱老师的日志涉及方方面面，既有关于教学的，也有关于社会现象的，题材广泛、内容具体，显示出钱老师独立、健全的思考能力。

附 4-2 一份教师会议上的课堂调研报告[①]

本学期开学至今本人听课 17 节，所听本校的课中，优秀率 20%，良好率 60%，20% 中。对比往年的情况，发现有些新的变化。此外，也在外校听了一些课，如滨湖区引进的成熟教师的课及兄弟学校老师所开的课。通过与往年的纵向比较以及区内学校课堂的横向比较，小结如下：

1. 亮点突出

（1）成熟教师风格愈加明显。例如，杨静老师的数学课上，虽不见热

---

① 钱云祥. 一份教师会议上的课堂调研报告 ［EB/OL］.（2012-03-13）［2012-08-31］. http：//www.bhjsyxw.cn/tresearch/blog/showArticle.jsp? ArticleCode=171988959&CID=00047.

闹的小组讨论场景，但却能看到学生一有想法就不吐不快的听课风格；虽不闻热烈的掌声，但却能听到学生思维的跳跃声；虽看不见教师急吼吼地推行题海战术，但却能听得到学生成长中的拔节声。难怪，同组的老师听完课发出惊叹：你们班的学生好乖哦！师生配合真默契！难怪，上学期期末考试中杨老师所带班级学生成绩遥遥领先。要知道，这只是杨老师半途中接的一个普通班，只是由于有了教师一学期来的有效引导，学生学会了怎样听课。

（2）创新举措得到一线落实。例如，马红梅老师的英语课上，蠡中魔卡（注：一种学习卡）得到了广泛而有效的运用。从整齐划一的亮卡姿势上可以看出创新举措已成为马老师课堂上师生的教学习惯，从教师快捷的通报答题情况中可以看出老师对这项创新举措的认可度之高。试想，学生时不时地就需要亮出自己的判断等待教师的评价，他还有胆量走神吗？相信，好的做法只要坚持，成绩的提升一定指日可待。

2. 几点思考

（1）从所听随堂课上，很少看见使用课件，而公开课，则很少看见不用课件。对于这一现象，不知大家有何看法？相信，课堂上在需要的时候恰当运用现代教育技术能够提高课堂的效益，应该是大家的共识吧。既然如此，为何不在自己的课堂上大力实践呢？假如教师运用多媒体的技术不过关，至少也应该在例题教学中多准备几块小黑板吧。可惜，现代的没使用，传统的早已抛弃。我们想象一下，例题虽然能在书上、练习册上或者助学案上找得到，但是教师在上面讲得头头是道，学生却是低头现象，你能保证全班绝大多数正处于好动期的学生的思维都在紧跟你的节拍吗？由此可见，我们的课堂提升空间还很大。所以，我提出一个话题供大家思考：我们能否像对待公开课一样对待自己的家常课？

（2）在前期的质量分析中，我校物理组已把组内教师相互听课的重要性分析得非常到位，他们所取得的成绩也充分地验证了其价值。但在调研中可以看到，相互听课相互学习还没能成为大多数备课组或学科组的教研习惯。多年以来，蠡园中学一直以团队合作精神在区内外取得较好声誉。蠡园中学，已经好多年看不到"某某老师的资料要保密"、"某某老师的课堂不肯开放"这样的现象。既然如此，我们为何不能放开架子，抽空到其他老师班级当当学生，学习几招呢？在此，我提出第二个话题供大家思考：

我们能否像学生一样虚心地向同行学习呢？能否像学生一样虚心地向同行请教呢？

（3）在随堂听课中，常常看到教师不顾学生学习现状的分析与讲解，也曾见到教师讲得很好但学生得不到训练的现象，偶尔也见到教师例题讲解中出现科学性错误的现象。为此，我提出最后一个话题供大家思考：我们能否重新审视并提升自己的专业素养？上海市教育科学研究院副院长顾泠沅教授对教师走向专业成功必须储备的知识体系进行过概括与分类，其中有这样三项非常重要的基本知识：学科知识，一般教学知识，学科教学知识。作为教师，我们有没有时刻注意不断丰富我们自己的知识储备呢？第一项知识贫乏，会把错误的教给学生；第二项、第三项知识贫乏，教师不知道怎么把学生教会，课堂上显得无从下手。例如，关于第一项，我们要让学生成为解题高手，自己呢？前阶段，数学组35周岁以下教师进行了一次初中数学学科测试，满分120分的试卷，以不超过中考要求的中等及中等偏难题为主。任蕾老师最高（为110分，这很不容易），任玲其次（为90分），最低的只有四十几分。这说明了教师学科知识的差异还是比较大的。关于第二项、第三项知识，我们只要看教师课堂上是否关注了一项指标——学生该听的听了没有、该做的做了没有、该想的想了没有、该说的说了没有。由此可见，课堂效果如何，不在于教师教了多少、讲得怎么样，而在于学生在教师组织下得到了多少、学得怎么样。关于教学成绩的提高，顾泠沅先生常常挂在嘴边的诀窍就是"作业之后要全对，考试之后要满分"。订正，弄懂——就这么简单，把简单的事做实了，也就不简单了。比如，听了马红梅老师的课后，我与她交流了一个想法，既然反馈卡及时反馈了答题结果，教师不妨在随书携带的学生名单上即时地做出标注，哪名学生哪道题做错了，那么，后续的工作将会变得高效得多——因为，学生都会的近阶段不用再讲了，学生都不会的教师不妨也少讲一点，教师能做的就是改变能改变的。……

钱云祥老师的这篇日志是一篇课堂调研报告。这篇报告写得朴实、扎实：一方面，从一个观察者的客观视角，分析了蠡中教师在课堂上不足；另一方面，又从教学活动本身的规律性提升的角度，探讨了课堂教学改进的维度，对教师的课堂教学改进以及教师个人素质的提升提出了更高的要求。钱老师的这篇日志之所以言之有物、有重要的启发，就是因为他能够把教学活动作为严肃的研究对象，从问题出发去研究和讨论可能的改进空间。时时刻刻把教学作为研究对象来考察，正是教师最重要的特征。有了这样的研究意识，才能够对教学保持理性的态度，从而发现问题、解决问题，提升质量。

下面的一篇工作日志《一堂课究竟上多少分钟？》是钱老师 2009 年关于蠡中课堂教学时间的思考。

附 4-3　一堂课究竟上多少分钟？

关于"一堂课究竟上多少分钟"，今天成了好多位蠡中教师热议的话题。

蠡中的"六助"教学，倡导发挥学生的主体作用——学生能自助解决的问题不进入互助阶段，能互助解决的问题教师不进行补助。但是，任何事都要讲究一个"度"——留给学生一定的自助时间进行自主学习之后，才进入课堂教学环节。那么，后面的课堂教学时间究竟安排多长比较合适呢？能不能无限地缩短呢？这就好比百米世界纪录在不断刷新（哪怕过了几十年刷新一次），是否表明还有很大空间？

此外，有人提到：初二、初三学生自学能力强了，可以进一步缩短教师讲解或师生互动时间，而留出更多的时间让学生自助。殊不知，随着年级的增长，课堂容量也在不断增长。当然，学生能自学的内容自学效果肯定比灌输来得好。但是，传统的课堂教学（讲解+互动）一定是灌输吗？还有，课堂教学要不要讲效率？由此可见，万事得权衡利弊才能决定取舍，切不可盲人摸象般地妄下断论。

我们提倡多给一点学生自主学习的时间与机会，但不等于我们一定要否决传统教学中的一切。讲授法，其实也是一种很不错的教学方法。我们又何必一定要排斥这种久经考验的方法呢？

结合实际，我认为，15+35 或 10+35，也许是我们下一步该走的路。毕竟，后面的 35 也不是教师一讲到底嘛，这 35 分钟内，除了教师的讲解，还有师生的互动、新课知识的当堂巩固训练等。如果硬要继续压缩后面的时间，那很多教师也许真的"巧妇难为无米之炊"了。我们需要创新，但我们不应冒进，更不能大跃进。假如博尔特百米跑步跑进10秒大关之时，他的教练非要他立即跑进5秒以内，也许，博尔特永远也不会打破世界纪录了，甚至心脏不堪负荷而……

当然，不同的学科不同的内容，也许确实有的课可试行20+30（前20分钟为学生自助，后30分钟为课堂教学），但绝不能因此而下结论说所有学科都可如此执行。毕竟，创新应以科学为基础，改革举措，还需实践检验其正确性。

理想与现实，只有在不断调焦中才能找准最佳结合点。

钱老师的这篇日志，讨论了一个看似简单实则复杂的问题——一堂课究竟上多少分钟？"课时"是班级授课制的重要特点之一（班级授课制的三个特点是编班、课、课时），是现代学校将课程、时间、空间、人员等进行有效组织的最直接的体现。说得极端一些，如果没有统一的"课"的时间单位，现代学校就难以对课程、教师、时间、空间和物资设备等进行有效规划和配置。当然，统一的课时，必然带来僵化、刻板，因而学校改革，无论主要焦点是什么，最后几乎都通过课时的改变来体现。例如，设计教学法、道尔顿制、程序教学等，弹性课时制更是直接针对课时进行改革。当前，教学改革此起彼伏，有严肃的探索规律的，也有茫然无序的，似乎只要是旧的，就是落后的，就是要被"革命"掉的。于是，原来讲"教学"，现在便有人主张要以学为主，改"教学"为"学教"；原来主张"教与学统一"、"没有教师的教就没有学生的学"，现在便有人主张"先学后教"、"以学定教"；原来的课堂上教师的讲授占绝大部分，现在便主张学生的自主学习占据绝大比例……以往的教学自然不都是好的，需要改进和改革，但不探索、不思考，直接按照相反方向去变革的做法，更是要不得。钱老师的深刻之处在于，他没有像那些简单思维者一样，与过去对着干、反着来，而是深入思考教学的根本问题，探究教学本来应该有的样子。所以，钱老师才能清醒地讨论课堂上时间的划分问题。他认为"不同的学科不同的内容，也许确实有的课可试行20+30（前20分钟为学生自助，后30分钟为课堂教学），但绝不能因此而下结论说所有学科都可如此执行"。与时间划分紧密联系的，是教学方法的使用。大凡主张把课堂时间截然划分为学生自主学习时间和教师时间的人，都认为讲授法是不好的、落后的，

是不能让学生主动学习的方法。而钱老师却能辩证地看待讲授法。虽然对于讲授法，他还不能那么自信地去肯定，但他至少能够认识到："提倡多给一点学生自主学习的时间与机会，但不等于我们一定要否决传统教学中的一切。讲授法，其实也是一种很不错的教学方法。我们又何必一定要排斥这种久经考验的方法呢？"他关于创新的观点也是中肯的，强调创新以科学为基础，而非凭着热情冒进："我们需要创新，但我们不应冒进，更不能大跃进"，"毕竟，创新应以科学为基础，改革举措，还需实践检验其正确性"。

钱老师关于蠡中课堂教学的思考，自然与他个人的研究有关。但不能不说，正是因为蠡中进行的教学改革实验，才促使他有这样的思考；是基于探索规律、寻求更合理的教学结构的目的，而不是为新而改、为改而改，才促使钱老师有这样的思考。因此，可以说，正是教育实验，让教师们有了更深刻的反思意识和反思能力，也正是实验让教师们树立了自信。

第三节　在教育改革实验中增强教师的专业自信

教师是教育实践的主体，这本是教育的最根本的特性。没有教师，何来教育实践？因而，从根本上说，对教育活动最有发言权的应该是教师。但是，在现实中许多教师对自己的专业活动往往没有自信、没有主见。这表现在，或者教师盲目听从所谓专家的专业意见，或者随着各种所谓的改革风潮而改变自己的思想和行为。教师在专业上不自信的原因是多样的——既有所谓的专家不顾教学实际的"指手画脚"，也有教师自己对教育活动的研究不够。从根本上来说，教师自身缺乏对教育活动的研究和独立见解是造成教师缺乏专业自信的最主要的原因。对于教育教学，教师如果只是简单模仿他人的做法而不深究其中的道理，那就只能人云亦云，随风倒。当然，所谓的自信或主见，并非是不吸收新的思想、好的做法的一意孤行，而恰恰是能够识别好做法，能够主动进行教学改造、提升。

教师的专业自信从哪里来呢？只能从主动的教育实践中来，尤其是从自觉的教育实验中来。例如，中国语文教育界，一直有集中识字或分散识字的争论。究竟哪一个更好，只能通过实验来说明。只有通过实验，教师才能自信地提出有依据的主张。

　　滨湖区有一大批有主见的自信教师。如果说有少数几个教师有主见，那可以说是这位教师个人的努力或天赋；如果有一大批教师在专业上都极富自信，那便与滨湖区的教育生态有关了。滨湖区的每一所学校都有基于自身学校问题而进行的教育改革实验。正是在这样的主动的教育改革实验中，教师们能够更自觉更自信地从事教育活动。

　　中考是学校乃至全社会关心的话题。针对中考，人们有各种改革的意见。那么，应该如何看待中考呢？我们来看看高峰老师的一则工作日志。

附 4-4　关于中考改革的几点想法[①]

　　（1）"缩短考试时间"、"减少考试科目"是否一定能达成"切实减轻学生过重的课业负担"的目标？彼此之间有什么必然联系？通过什么切实可行的措施来实现？会不会出现时间缩短了、科目减少了，但减少后的科目反而更加成了重中之重，围绕有限的几门科目花更多的精力、用更多的时间，从而将其他科目彻底弱化，离真正的素质教育反而越来越远？

　　……

　　（5）"逐步加大体育成绩在学生综合素质评价和中考成绩中的分量，促进学生体质健康发展。"我们到底需要什么样的体育成绩？是否会出现体育权重加大了，学生围绕那几个有限的考试项目花费的时间与精力也更多了，从小是考试体育，长大是金牌体育，什么时候才是全民体育？当学校、老师、学生因为体育分量的加重而日复一日只是围着操场跑圈的时候，运动的乐趣何在？体育所倡导的团结协作精神如何培养？会不会进一步增强了体育运动的功利思想？总而言之，促进学生体质的健康发展，也许更多的不是靠增加"分量"，而是靠充足的课时、靠充分的课外活动时间、靠体育运动形式的丰富多彩等。

　　从这则日志里，我们能看到高峰老师对中考改革措施的质疑。这样的质疑，映射着高峰老师对教育现状的批判，也凝结着他对教育活动的深刻

[①] 高峰．关于中考改革的几点想法［EB/OL］．（2011-12-04）［2012-09-15］．http://www.bhjsyxw.cn/tresearch/blog/showArticle.jsp? ArticleCode=143502392&CID=00047.

思考。

优秀的教师，一定是自信的教师。优秀的教师对自己的专业活动充满自信，也对自己的职业生涯充满自信。自信不是盲目的，而是从成功的教育实践中得来的，尤其是从自觉的教育改革实验中得来的。

相比于脱离教育现场的短期教师培训来说，扎根于改造教育实践、致力于探索教育规律的教育实验活动，是更积极、更主动、更自觉的培养教师的途径。虽然看起来见效慢，但它却真正有效。它把教育实践与教师发展紧密结合起来，通过改造实践来发展教师，通过教师的自觉参与来进行实践改造。这样的教师专业发展之路，才是符合教师实践特征的道路。当然，从事教育实践必须要下功夫，要有自觉的意识，也要有改革的意识，还要有持之以恒的毅力和决心。

第五章

理论学习很重要

　　集体的智力财富之源首先在于教师的个人阅读。真正的教师必是读书爱好者……一种热爱书、尊重书、崇拜书的气氛，乃是学校和教育工作的实质所在。①

——苏霍姆林斯基

　　要向教师揭示这样一个道理：他的工作效果取决于他的知识和素养，取决于他读些什么书，怎样自学和怎样充实自己的知识。②

——苏霍姆林斯基

　　滨湖教育人的读书活动，令人印象深刻。

　　与滨湖区教育局局长钱江的第一次见面，常常被我们提起。为什么呢？因为这次见面非同寻常，印象太过深刻。我们既没有像一般见面那样边吃边聊，也没有在办公室里公事公办，而是约在中央教育科学研究所（现已更名为中国教育科学研究院）旁边的教科思创书店见面。约在那里，是因为钱江局长提出了一个非常特别的理由，他晚上要乘火车离京，离开之前想买些教育类的书，之后再去鸟巢看看（那时奥运会刚刚结束，鸟巢是所有游人都要去看的风景，钱局长也未能免俗），希望能在某个书店见面。我

　　① 苏霍姆林斯基. 帕夫雷什中学［M］. 赵玮，等，译. 北京：教育科学出版社，1999：28.
　　② 苏霍姆林斯基. 帕夫雷什中学［M］. 赵玮，等，译. 北京：教育科学出版社，1999：72.

想来想去，想到了教科思创书店，那里既是书店，又可以坐下来喝茶聊天。我们互不相识，如何能认得出来呢？钱江局长说："我带几本《滨湖教育》放在桌上，应该很醒目好认。"下午三点，当我和丛立新老师到达教科思创书店时，果然见到一张桌子上放着几本《滨湖教育》，一位看起来憨厚、睿智的中年人坐在那里。他戴着黑框眼镜，笑容满面，丝毫没有官样，反而像是个大学老师。第一眼，就有缘。于是，我们愉快地谈起了滨湖教育。

钱局长本就是个读书人，他领导下的滨湖教育人也个个爱书、爱读书。

北京师范大学教育家书院首批兼职研究员中有三位来自滨湖，每次来北京活动，他们一定会利用休息时间去书店看看。他们不仅熟悉北师大周围的书店，而且熟悉北京任何一家有名的书店。不仅熟悉书店，而且熟悉各家书店的服务范围和服务条款。例如，办理会员卡买打折的书；书店里没有的，他们会提供书名，请书店调书寄回滨湖，等等。他们很有一套逛书店的办法：先去书店"踩点"，用手机把想要买的书的封面和版权页拍下来，晚上回到宾馆再上网搜索，尽量去买物美价廉的书。读书、买书已经成为他们生活的一部分。

第一节　读书应是教师的生活样态

读书的目的有多种。有的是功用性的；有的就仅仅"好"读，就是"无故乱翻书"①；有的则把读书看作一种享受。无论是哪种意义上的读书，只要是读书，便有"读者"。在周国平看来，读者是人所有身份中最美好的一个。他说："读者是一个美好的身份。每个人在一生中会有各种其他的身份，例如学生、教师、作家、工程师、企业家等，但是，如果不同时也是一个读者，这个人就肯定存在着某种缺陷。历史上有许多伟大人物，在他们众所周知的声誉背后，往往有一个人所不知的身份，便是终身读者，即一辈子爱读书的人。"②

关于为什么要读书，高中语文老师王星有他自己的理解。他说："（我

---

① 何兆武. 上学记［M］. 文靖，执笔. 2版. 北京：生活·读书·新知三联书店，2008：28.
② 周国平. 论读书：1　好读书［EB/OL］.（2011-04-18）［2012-09-15］. http://blog. sina. com. cn/s/blog_471d6f6801017upw. html.

感觉）从走上工作岗位的第一天起，教师的专业是退化的。我们将自己在大学所学的专业知识都忘记了，高中老师退化到高中水平，初中老师退化到初中水平，小学、幼儿园都有这样的趋势。提到专业化发展，只不过是捡起自己本来的底气。"

因此，只有不断地读书，才能增强自己的底气。

关于读书，小学数学特级教师、教研员沈晓东说："一个好老师，是会思考和善思考的。思考，就是要动脑筋，能从比较高的角度去看问题。（对教学来说）儿童心理学、学科教学心理学的知识很重要。"因此，读相关的书，对教师的工作是有帮助的。沈晓东提到当时参加"希望之星"研修班时的读书情况，"三个'希望之星'班，语数英三科，每科每个乡镇推荐一人，年龄总体都是三十周岁……每个学科也就十来人。这样就从原来自然自发的个人成长到了团队的有意识的集体成长，进行自觉的理论学习。王中敏、丁晓伦、顾松涛三个教研员，分别负责语文、英语、数学三科。他们主要负责课堂教学的研究，还要给大家推荐一些书。我们听课、评课、反思、交流，每个月只有一次。平时要把推荐书看一看，比如皮连生的《学与教的心理学》《小学数学教学心理学》等。自己对照心理学和教学心理学方面，尝试写出些东西。比如我在《小学数学教育》上发表了《让学生经历学生的自主探索过程》。读书让我们的视野变宽了……"

王星和沈晓东提到的读书，似乎都是功利性的。但对于教师来说，这样的功利是负责任的表现，就像驾驶员开车要熟练驾驶技术、医生看病要研究病情一样，教师当然要对自己的工作不断研究。要研究，不读书是不行的。把读书作为自己工作的一部分，是教师成长的重要一环。

对于王星来说，读书的范围已经远远超过了他的教学范围，他有自己特别的爱好。最初是由于教学的缘故，他开始关注民国时期的老教材，慢慢地竟然对此有了深入的研究。现在，他收集老教材、研究老教材已经小有名气，国内专门做教材研究的石鸥教授都要时常与他交换收藏，交流研究所得。

对于沈晓东来说，读书使他对教学有了更深的理解和把握，工作起来游刃有余。他不仅是优秀的数学特级教师，还是数学教研员，带领着一批一批的青年教师读书，做教学研究。

一、教师读书的意义

读书的形态有多种：可以是个人的，也可以是集体的；可以是自己读，也可以听别人的读书感受；可以与书交流，也可以与人交流。不管是哪种形态，读书的意义，是要从别人的经验里获得超越个人经验的经验，获得个人未曾经验、无法经验的经验。

高尔基这样论述读书的意义：

我觉得，当书本给我讲到闻所未闻，见所未见的人物、感情、思想和态度时，似乎是每一本书都在我面前打开一扇窗户，让我看到一个不可思议的新世界。

每一本书是一级小阶梯，我每爬一级，就更脱离畜生而上升到人类，更接近美好生活的观念，更热爱书籍。

读书，这个我们习以为常的平凡过程，实际上是人的心灵和上下古今一切民族的伟大智慧相结合的过程。[①]

书中的经验里饱含着智慧，而智慧就反映在教师对于读书的态度当中。

在胡埭中学教师丁波的博客上就有"关于读书"的帖子，极具智慧和思想性。

附 5-1　关于读书（一）[②]

我是不是个喜欢读书的人？反复对照领导、名人们所说的标准，答案肯定是否定的。虽然这大半辈子，也多少读了几本书，最多我也只能说自己是个不讨厌读书的人而已。之于我来说，读书的情形，与仨俩酒友开怀畅饮、与几个球友驰骋球场的情形并没有什么大的区别；读到一本好书的感觉，与一个喜欢打牌的人抓了一副好牌、喜欢钓鱼的人钓到一条大鱼的

---

①　佚名. 高尔基论读书 [J]. 农民文摘，2007（6）：59.

②　丁波. 关于读书：一 [EB/OL]. （2012-02-17）[2012-10-20]. http：//www. bhjsyxw. cn/tresearch/blog/showArticle. jsp？ArticleCode＝2009655025&CID＝00047.

感觉并没有什么大的二致。请原谅我没有把读书看得那么"神圣"和"沉重"！那些关于读书重要性的至理名言，我肯定也曾经相信得诚惶诚恐，但是，经历多了，看得多了，看得透了，才发觉，许多现实情况其实并不是那样的。到我这个年纪，我想我可以说一声："我不再相信！"

为什么一定要把读书搞得那么"神圣"呢？似乎只有读书的人才是高尚、高雅的人，不读书的人就肯定是卑微、粗俗的人。我所见的是，许许多多的所谓读书人，也并不比菜场卖菜的老太有更高的素质、更纯的心灵！为什么一定要让读书负担那么多"意义"呢？似乎只有读书的人才是"为国为民"的精英，不读书的人就必定会"祸国殃民"。纵观古今中外的历史，许多时候改变历史、拯救民族的英雄也未必都是"学富五车"的学者。为什么一定要把读书变得那么功利呢？似乎只有读书才是功成名就的正道，不读书就必定会沉沦一生、万劫不复。当我们的民族，把读书当成了功名的"敲门砖"时，读书的概念在上千年以前就基本被异化了。反复要说明的是，我说上列这些话，并不是说不要读书，恰恰相反，而是希望大家真正把读书当成个人的一种生命色彩、一种生命的习惯，而是希望大家能够剔除附加给读书的所有悖论，以纯粹的心态，因为喜欢读书而读书，因为读书获得的快乐而读书，因为心灵得到抚摸而读书。也希望尊敬的领导们、亲爱的名人们，再不要给读书附加那么多沉重的"神圣"、"崇高"和"功利"，规定那么多读书的任务和目标，我们毕竟都是普通人，当小小的读书这件事附带了那么多伟大的"使命"，我们会害怕，也会厌烦的。

再说了，最近不是很流行多元智能理论吗？根据这个理论的说法，智能的多元，决定了每个人都有自己的智能特点和特长。有的人天生就对文字有感觉，读得懂、写得出、说得好，那就好好地读啊，读出个子丑寅卯、春暖花开，那自然是一等一的好事。有的人天生在文字方面就愚笨，一读书就头疼，情趣索然，一捧起书就是一种受苦受难的感觉，那又何必去为难人家、摧残人家的灵肉？我的意思是说，喜欢读书的人，你自得其乐地读着就是，千万不要自以为是地清高，自以为比不读书的人高雅了多少，不要以为那些不读书的人必定是碌碌无为、生活枯燥、心灵黯淡的，更不要强求人家与你一般的去埋头苦读。喜欢读书的有图书给他，喜欢打球的有球场给他，喜欢钓鱼的有绿水给他，喜欢旅游的有青山给他，甚至，喜欢打牌的有牌桌给他，各自快乐着，各自投入着，我想这样才叫是真正的和谐社会吧。

退一万步讲，我们这个社会的进步、文化的繁荣、文明的提升，还真的不是我们这些所谓"读书人"所能承担和决定的，中国历史犹然。如果用现代的眼光来回顾中国的思想文化史，"读书人"这个称号的名声和形象还真是不很妙的。大多数时候，我是很讨厌人家说我是"读书人"的，因为人家这么一说我，我就想一路狂奔，高喊"我中了，中了"，或者就想很神秘地问人家："你知道茴香豆的茴有几种写法吗？"

书，以后我肯定还是要读一些的，当然是读那些喜欢的、能给我带来愉悦的、能触动我心灵的、能对我工作和生活有用的。这样的书准备读多少？这样的书在哪儿？我都不知道，我肯定不会刻意地去寻找，因为我相信一本好书之于我，就如同一个情人，一切随缘啦！无关乎功名利禄，无关乎人生的起落，无关乎世事变迁。随心、散淡地穿行在书籍中，有快乐，不负累，这样岂不也是一种境界！

罗素说："看书有两个动机：一个是体会读书之乐；另一个是作夸口之用。"① 孔子说："古之学者为己，今之学者为人。"罗素与孔子的看法有很一致的地方。丁波老师关于读书的思考，则与孔子、罗素有共通之处。就当下情形来看，丁波老师提出的关于读书的种种神话和思想控制的危险，值得人们深思。当然，我们相信，丁波老师一定比别人读了更多的书，而且是用自己的头脑在读，不只是用眼睛在"读"。

二、教师读书的形式

有古语云："与君一席话，胜读十年书。"在这个意义上，"与君一席话"也可看作读书的一种形式，即从他人处领受经验的形式。可以说，滨湖区的读书有各种形式，有借外力的专家讲座，也有教师自己的轻松的读书会，还有更为"私密"的交流与争论。下表是育红小学自 1988 年起，记录下来的专家讲座、教师论坛、家长论坛等。从这张表中可以窥见滨湖区读书、学习的一般情形。

---

① 罗素 . 幸福之路［M］. 傅雷，译 . 西安：陕西师范大学出版社，2003：45.

育红小学专家讲座与交流及教师、学生、家长论坛一览（1988—2012）

专家讲座与交流	
时　　间	内　　容
1988.01.08	杭州大学龚浩然教授参加朱仲荻老师的点题班会，并做讲评
1989.08.12	丁晓并给少先队员做讲座《壮士断臂》
1990.10.08	特级教师顾松涛做讲座《如何提高数学课堂教学效率的研究》
1990.10.09	人民教育出版社刘岩教授做讲座《不断完善英语教材，提高英语学习兴趣》
1992.06.05	《中国美术教育》杂志社主编陈通顺做讲座《美术课的优势与优化》
1993.10.11	江苏省教委副主任周稽裘做讲座《合理使用电教媒体　优化课堂教学设计》
1994.11	无锡市英语教研员徐晔做讲座《多方结合，创设情境——浅谈小学英语口语教学》
1995.01	江南大学心理学专家周元教授为学生做青少年自我保护讲座
1997	南京晓庄学院副教授、南京晓庄学院心理健康研究所所长陶来恒做讲座《学生心理障碍辅导模式》
1997.04.18	北京师范大学教育系、教育科学研究所所长裴娣娜教授做讲座《主体性教育》； 北京师范大学教育系、教育科学研究所副所长，现任教育部基础教育课程教材发展中心主任助理刘兼教授做讲座《谈新一轮数学课程改革》
1999.09.15	无锡市教育科学研究所所长胡麟祥做讲座《怎样写案例》
1999.11.04	《小学生数学报》副主编孙海鹰、编辑沈本领来校指导、做讲座
1999.12.13	《中国儿童报》主编梁大昕来校做讲座
2000.09.29	全国劳动模范陈蕴华做艺术教育主题报告会
2001.03.23	"读书郎反邪教"讲座
2002.01	南京大学心理健康教育与研究中心主任桑志芹教授做讲座《团体心理健康》
2002.07.09	南京师范大学德育教育研究所班华教授来信
2002.12.30	班华教授参加童话节并做讲座
2003.03.27	胡麟祥所长做讲座《教育科研和教师成长》
2003.05.16	洛社中心小学副校长李勤做讲座《新课程实施中的教师准备》
2003.09.19	无锡市英语教研员徐晔做讲座《实施英语新课标的有效途径之——科学地开展小学英语教学游戏活动》

好
教师
从哪里来？

158

专家讲座与交流	
时　　间	内　　容
2003.10.17	无锡市教研中心语文教研员郑霞做讲座《新课标理念下的课堂教学》
2003.11.07	北京师范大学教育科学研究所副所长陈建翔做讲座《教育新思维》
2003.11.21	《滨湖教育》编辑部主任李文扬做讲座《叙事研究实例分析》
2003.12.19	党校江处长做讲座《学习新党章》
2004.02.26	阮扣成老师做讲座《对市场经济条件下实践教育服务理念的若干思考》
2004.03.16	胡麟祥所长做讲座《德育服务专题讲座》
2004.03.19	滨湖区教研中心张淼做讲座《浅谈教育教学案例及其撰写》
2004.05.14	王一娴老师做讲座《直面课堂教学行为的有效性》
2004.06.04	张松二老师做讲座《求真务实，爱岗敬业》
2004.10.28	滨湖区教研中心教研员王中敏做讲座《语文教材解析》
2004.12.23	《班主任》杂志主编苏学恕做讲座《孩子眼中教师的人文素养》
2005.01.27	全国班集体建设研究会会长唐云增做讲座《让每一位班主任都学会建设优秀班集体》
2005.12.14	王中敏做讲座《洗课——兼谈语文教学的有效性》
2006.02.23	江苏省书法家协会会员荣仁良做讲座《关于如何写一手好字》
2006.02.24	滨湖实验幼儿园书记、滨湖教研中心教研员祝晓燕做讲座《让生活充盈美丽》
2006.05.12	滨湖教研中心副主任沈晓东做讲座《听课、评课——教师专业成长之路》
2006.06.07	《滨湖教育》编辑部主任安锡友做讲座《怎样写论文》
2006.06.09	中国教师教育学会特约研究员胡治平做讲座《教师行动研究的再思考》
2006.10.21	滨湖区教研中心主任黄一敏做讲座《教师专业发展之路——从平凡到精彩》
2006.10.24	无锡市妇幼保健医院顾燕芳主任做讲座《女性生理》
2006.11.01	无锡市消防安全宣传中心史老师做讲座《消防安全知识》
2007.06.08	著名童书作家杨红樱到育红小学和她的铁杆书迷见面交流
2008.04.21	著名儿童文学作家金波与学生进行"在书中等你"演讲交流活动，活动主题是"阅读·写作·成长"
2008.04.28	胡麟祥所长做个性化班集体建设培训
2008.04.30	原滨湖区教育局基教科科长阮扣成做班主任通识培训

专家讲座与交流	
时　　间	内　　容
2008.06.01	江苏省教育科学研究院基础教育科学研究所所长彭钢和江苏省教育科学研究院副院长杨九俊分别做讲座《学校文化与课堂文化》和《做一个精神高贵者》
2008.10.27	著名科学家、中国地震局地质研究所位梦华教授做讲座《南北极科学》
2008.12.05	英豪教育研究所高级讲师叶静做讲座《将成功传给下一代》
2009.03.16	北京大学社会调查研究中心"专攻北大"课题组副组长安天剑高级研究员做讲座《北大学生中小学时期特征分析》
2009.03.25	阮扣成老师做讲座《要十分重视潜教育》
2009.04.27	位梦华教授做科普讲座《对话两极·关爱生命》
2009.05.05	无锡市朗诵协会秘书长胡真做朗诵艺术讲座
2009.05.18	华东师范大学胡慧闵教授做讲座《学校规划制定方法学习》
2009.06.05	无锡市教育局施国庆处长做讲座
2009.06.12	李振村老师来校做讲座《化新十大理念》
2009.09.03	顾岫荫老师做班主任讲座
2009.09.11	尤敬党老师做讲座《教师职业规划设计》
2009.09.19	著名儿童阅读推广人薛瑞萍做阅读讲座
2009.10.16	江南大学版画专家邓彬做美术讲座
2009.10.30	《无锡教育》赵军主任做讲座《陶行知教育思想》
2009.11.20	江南大学设计学院公共艺术系主任赵昆伦率资深教师莅临育红小学，与学校公共艺术设计小组面对面交流
2010.03.12	无锡市教育学会副会长胡麟祥做讲座《追求更有效的课堂》
2010.04.15	"我们共创未来"530创业博士进校园
2010.06.04	中国学生营养与健康促进会会员李秀芬做讲座《健康人生，品质生活》
2010.06.25	台湾著名婚恋亲子教育心理学专家林昆辉教授做讲座《生命教育》
2010.10.25	"530"周萱博士做讲座《企业需要怎样的人才》
2012.03.12	北京师范大学向蓓莉教授做讲座《创建学校公共生活与学校文化》
2012.05.21	胡麟祥副会长做讲座《积极心理学的教育视窗》

好教师：从哪里来？

160

教师论坛	
时　间	内　容
2004.12.02	教师论坛"读书，让你的生命更加精彩"
2005.03.25	教师论坛"如何看待公开课和家常课"
2005.04.13	教师论坛"我为育红发展出谋划策"
2005.05.13	教师论坛"我看教师评价和激励机制改革"
2005.06.24	教师论坛"建设书香校园——我之阅读实践"
2005.09.23	教师论坛"如何通过阅读和写作提高教学水平"
2005.01	教师论坛"善待生命，呵护心灵——我看教师的身心健康"
2005.11	教师论坛"尊重理解与严格要求"
2005.12	教师论坛"如何树立自己的威信"
2006.03	教师论坛"抒怀点滴往事，感悟教育人生"
2006.05.12	教师论坛"高质量、轻负担"
2006.09.15	育红教师发展论坛
2006.09.26	青年教师沙龙：特邀育红实验学校强洪权校长
2006.10.13	教师论坛"健康的身体是工作的基石"
2006.11.09	教师论坛"如何处理与家长之间的关系"
2006.12.09	教师论坛"工作于家庭的平衡"
2007.03	教师论坛"快乐是什么"
2007.04	教师论坛"教师如何教育自己的孩子"
2007.05.25	教师论坛"如果重新选择，你还会做老师吗"
2007.11.28	教师论坛"育红还缺什么"
2008.04.11	新育红整合后首次教师论坛"万紫千红，春满校园；共话文化，齐建家园"
2009.05.18	教师辩论赛"严格管理和民主管理哪个更有利于学生的发展"
2010.12.13	教师论坛"缕缕诗词情 悠悠书香梦"
2011.04.25	教师论坛"谈素质教育与教学质量"
2012.02.20	教师论坛"关注流动儿童心理健康"
2012.04.23	教师论坛"共读雷夫，漫话教育"

学生、家长论坛	
时　　间	内　　容
2008. 11. 03	第一届学生论坛"我喜欢……的校园"
2009. 03. 30	第二届学生论坛"母校给我留下了……"
2010. 04. 23	第三届师生论坛"走进《鲁滨逊》"
2010. 12. 13	第四届师生论坛"我读书，我快乐"
2012. 05. 21	第五届师生论坛"好习惯，伴我每一天"
2010. 11. 22	家长论坛"真诚交流，智慧合作"

（一）专家讲座

专家讲座，由来已久。它是便捷地了解不同学科最新进展、学者最新研究成果的好方式。好的讲座，高效、省时，听者可以在短时间内，把专家多年来研究的成果"据为己有"；好的讲座，综合、凝练，纵横捭阖，听者能够在广阔的背景下迅速把握某个研究（话题）的核心；好的讲座，一定有深度，又清晰易懂，所谓"深入浅出"，听者能够融会贯通、消化吸收。可以说，专家讲座是一种最快捷地获取知识和智慧的方式。

专家讲座的内容可以非常广泛，全看学校的兴趣和关注点。从育红大讲堂的讲座目录来看，各科教学法、课堂教学、学生的心理健康问题以及学校的发展问题是主要的内容，这正现实地反映了教师们的需求，为教师的教学服务。

讲座虽好，但并不足够，它不能成为教师获取知识和智慧的唯一形式。而且众口难调，并不是每一场讲座都适合每一位教师。无论多么好的讲座，听者毕竟是听者，难以像言说者那样表达自己的意见、发出自己的"声音"。显然，讲座之外还需其他形式来补充。这样的形式，有时比专家讲座更重要。

"育红大讲堂"里的"教师论坛"就是这类形式中的一种，也可以叫作"读书会"。

（二）读书会

所谓读书会，顾名思义，就是大家一起读书。当然，读书会并不是一般的读书，而是专指志同道合的朋友在一起读书，在瑞典被称作"学习圈"（study circle）。有人专门研究瑞典的"学习圈"，认为这是一种适合成人的、民主式大众教育的学习形式，而且充分体现着学习者间的亲密、平等以及对知识的建构式学习。在形式上，"学习圈"也体现着平等和讨论的氛围——所有人围成一圈，面对面，人人有平等的机会讲话讨论。依据瑞典政府发布的《成人教育文告》（*Adult Education Proclamation*）界定，所谓学习圈就是"一群朋友，根据事先预定的题目或议题，共同进行一种有方法、有组织的学习"①。瑞典学习圈之父奥斯卡·奥尔森（Olsson，U.）认为，学习圈最重要的特征是学习的开展不再依赖教师，而是靠阅读、交流和讨论进行学习。他对学习圈所下的定义是："志同道合的朋友聚在一起讨论问题和学科知识的小圈子。"（A circle of friends who come together to discuss problems or subjects of common interest.）②

育红小学读书会来自"育红大讲堂"的"教师论坛"。2011 年起，它有了一个诗意的名字，叫"晴雨轩"。"晴雨轩"读书会与瑞典所说的"学习圈"非常相像，甚至更胜一筹。"晴雨轩"有自己的博客，博客的题头写着："南阜小亭台，薄有山花取次开。寄语多情熊少府；晴也须来，雨也须来。随意且衔杯……"这句选自元代诗人虞集的《南乡一剪梅·招熊少府》，不只有"晴雨"二字暗合了"晴雨轩"的意义，更有"晴也须来，雨也须来。随意且衔杯，莫惜春衣坐绿苔"的意境。为什么创办"晴雨轩"读书会呢？我们在"晴雨轩"的博客上见到了它的总章程。

附 5-2   "晴雨轩"总章程③

一、来头

为了给好欣赏、愿分享、乐品味的"赏货"们搭建展示交流的平台，让大家齐欣赏，共思考，同分享，提升育红文化品位，丰富业余生活，充实精神生活，学校成立这个俱乐部——晴雨轩。

二、名头

俱乐部雅号为"晴雨轩"，源于育红"晴雨操场"（其建于 1915 年，为

---

① 瑞典政府. 成人教育文告［D］//郭嘉. 瑞典学习圈研究. 河南大学，2008：11.

② BRATTSET. What are the characteristics of the Study Circle?［D］//郭嘉. 瑞典学习圈研究. 河南大学，2008：11.

③ 佚名. "晴雨轩"总章程［EB/OL］.（2012-03-05）［2012-09-15］. http://yuhongqingyuxuan. blog. 163. com/blog/static/204117008201259405566/.

国内仅存的仍可使用的早期室内体育活动场所)。"晴雨操场"是晴天和雨天都能开展活动的操场。俱乐部亦是如此,不论晴天或雨天,爱好相投之人皆可相聚、皆可畅谈……故取此雅号。

三、人头

俱乐部活动成员由固定会员、非会员(每次自愿报名参加者)和特聘专家三部分组成。

固定会员设:会长、副会长、秘书长、常务理事、普通会员等职务。

(一)会长、副会长职责

1. 统筹规划,总体协调,制订俱乐部活动计划。

2. 管理各部的具体事务,定期召集和策划俱乐部活动,做好考核和总结工作。

3. 定期向学校行政汇报俱乐部活动开展情况。

(二)秘书长职责

1. 协助会长处理俱乐部具体事务。

2. 负责落实俱乐部分管小组的活动计划和各项检查。

(三)常务理事职责

1. 负责落实活动的前期准备工作和协调工作。

2. 做好成果积累、交流、总结工作。

(四)普通会员职责

1. 及时调查了解一些教师感兴趣的和会感到惬意、轻松的活动信息。

2. 协助做好相关准备工作,积极参加每次活动。

四、劲头

俱乐部将安排多彩多样大家感兴趣的、轻松的、悠闲的活动。

五、甜头

俱乐部以轻松、自愿为原则,凡报名参加活动者可免费体验、享受活动。

六、彩头

活动经费由各方资助所得,为活动者带来惊喜。

2011 年 11 月

"晴雨轩"既是一个开放、轻松、自愿、有共同志向的人的读书聚会,又是一项精心组织的活动。我们以最近一次的活动——"话教育,谈感受"

为例。这次活动有读书的主题，有活动预告的海报，有各自的分工，还提供了相关的拓展资料，保证了活动的有序有效进行——

活动预告

当一名教师倾其所有精力、美德、智慧与创造力，能为学生做什么？如果你认识了美国传奇教师雷夫·艾斯奎斯，或许会有答案。

在美国的众多名师中，很难有人如雷夫·艾斯奎斯一般给人以震撼与惊叹——他在同一所学校的同一间教室，年复一年地教同一个年龄段的学生长达20多年，获得荣誉不计其数。他的事迹轰动了整个美国，而且还被拍成纪录片，他的著作《第56号教室的奇迹》成为美国最热门的教育畅销书之一。但他仍然坚守在第56号教室，证明着一个人能够在最小的空间里创造出最大的奇迹……

雷夫老师用了什么"魔法"，创造了轰动全美的教育奇迹？让我们共同品析……

活动日期：2012年3月24日（周六）下午13：00—16：00

活动主题：话教育，谈感受

活动目标：1. 很高兴来参加本次活动

2. 一不小心认识了风靡全美的《第56号教室的奇迹》

3. 一不留神体会到了不同的教育方法，有了不同的感受

4. 不经意认识了名叫"阅读学习单"的新事物

5. 无意间用了归纳分析法，表达了自己的感受、收获

活动流程：雷夫个人简介 → 读书感悟交流 → 学习"阅读学习单" → 雷夫教育视频 → 相关拓展资源介绍（图书、电影）

参与成员："晴雨轩"正式会员、与雷夫对话的老师和嘉宾（25人），非会员（限报25人，额满为止）

活动地点：育红（龙山校区）1号楼二楼图书馆

报名方法：以"活动预告"下面的回复跟帖为准（3月20日17时前）

育红小学"晴雨轩"文化俱乐部
2012年3月1日

活动准备

1. 场地准备（武巧云、任宁，完成时间 3 月 23 日）
2. 茶水、茶杯准备（常欢，完成时间 3 月 23 日）
3. 主持（张念娇，主持词完成时间 3 月 20 日）
4. 媒体准备（冯曙光，完成时间 3 月 23 日）
5. 相关拓展资源准备（陈婷，完成时间 3 月 22 日）
6. 签到、场地座位安排（刘海波）
7. 摄影（苏晓萍）
8. 通讯稿（黄冰冰）

方案企划：武巧云、任宁

2012 年 3 月 1 日

相关拓展资源

图书：

1. 《在与众不同的教室里》
2. 《静悄悄的革命》

电影：

1. 《热血教师》
2. 《麻辣教师》
3. 《小孩不笨》
4. 《小孩不笨 2》
5. 《铁血教练》
6. 《死亡诗社》

育红小学"晴雨轩"读书会现场

　　读书会后，校长潘望洁写了一篇工作日志，名为"放下"①，谈了自己参加读书会的感受，放在滨湖教师研修网的工作日志里。帖子下面的实名留言，有交流的，也有看后有所思而发感慨的。其中一条留言是参加了读书会的张念娇留的，她说道："本人很喜欢'晴雨轩'文化俱乐部，因为在

_____

　　① 详见 http：//www.bhjsyxw.cn：80/tresearch/a/1273694793cid00047。

这里教育人举杯痛饮，怀有共同的精神构想，充满纤细、敏锐且与自然融为一体的雅致情趣。平等相待、漫话教育，实实在在做教育，回复栏里的每一条反思写得都很恳切，字里行间只源于我们对孩童的爱！感谢所有教育同行的努力！……"

网络上的沟通是现实中面对面读书会的延续。读书固然重要，但在加强交流的意义上，交流本身比读书更重要，读书反而成为老师们交流的媒介。当然，为交流而读书，因读书而交流，并不必区分哪个更重要。在这个意义上，教师之间真正形成了"学习圈"，成为学习共同体。

"晴雨轩"读书会是滨湖区教师读书交流的一个典型样例。在滨湖教师研修网的首页，有各种讨论话题，例如，"滨湖区解读'雷夫'"、"聆听大师的声音，感受'润泽的教室'"、"读《给教师的建议》，我也说两句"等，与读书相关的话题很多。

读书会，必先读书而后"会"（meeting，即"相遇"），没有个人的阅读，就无法与书中的思想相遇，也无法与志同道合的读者相遇。因此，好的读书会，一定源自个人的深度阅读。

在滨湖，学校的读书沙龙成为老师们相遇、相知、共同交流、感悟的重要平台。以下这篇载于《滨湖教育》2010 年第 1 期的报道，介绍了雪浪中心小学的一次读书沙龙。

附 5-3　用一本好书抬升教科研品质
——记雪浪中心小学"教师最需要什么"读书沙龙①

教师最需要什么呢？是金钱？是名利？是学生好的成绩？还是家长的尊敬、社会的推崇？还是其他？热情如火的六月，雪浪中心小学的老师们在会议室内济济一堂，围绕"教师最需要什么"这一话题展开了热烈的讨论。老师们或深情，或激动，或充满哲理，激情飞扬，情思飘飞，谈出了心底最真切的感受。

主持人（钱小芳，后同）：在以"和合教育"为主题的"雪浪花"第二届教科研月活动中，……我们每一位老师都阅读了校长室推荐的《教师

---

① 钱小芳. 用一本好书抬升教科研品质：记雪浪中心小学"教师最需要什么"读书沙龙［J］. 滨湖教育，2010（1）：10–12.

最需要什么——中外教育家给教师最有价值的建议》一书，并且写了读书笔记。今天，我们请部分老师参与此书的读书沙龙活动，同时，还邀请了滨湖区教研中心教科室吴伟昌主任和编辑部顾晓东老师来参与我们的活动。在你的心目中，你觉得教师最需要什么呢？每一位老师一定都有自己独特的理解。请大家畅所欲言，谈谈你的理解吧。

问题一：教师的人生职业最需要什么？

主持人：《教师最需要什么——中外教育家给教师最有价值的建议》一书中认为，职业精神是教师最大的美，有职业精神的教师是中国教育真正的脊梁。

周　萍：读了这本书，我觉得教师需要一个精神空间：把心放空。我们会为一顿美餐而满足，会因一件衣服而得意，但是，真正能安抚我们心灵的，还是精神的快乐。唯有自己的精神空间，能安放我们不悔的青春和满腔的热情；唯有自己的精神空间，才能平复我们驿动的心灵和执着的坚守！

顾晓东：周老师说得非常好。舍去一些，才能获得更多。

王庆华：我认为教师还需要健康的心态，需要高尚的品德。学生良好品德的形成往往与教师有很大的关系，师德对学生的影响至关重要。用健康的心态、高尚的品德去感染我们的学生，是我们每个教师都要努力去做的。

平家英：我认为教师最需要的是一种快乐，一种充分享受事业的快乐。充分感受教学工作的特有魅力，就能让我们享受到属于教师自己的快乐，还能够用快乐的态度影响学生，从而让我们的校园充满快乐。

陆　芳：确实，我也这样认为，解决教学工作中的难题是一种快乐，师生共同参与活动是一种快乐，看到学生进步是一种快乐，总之，教师的快乐无所不在。

秦文贤：刚才几位老师都说到了教师的快乐，其实，以平常心对待，不计较一些小的得失，哪怕失意的时候也不要失志，那便很容易寻找到快乐。

问题二：教师教学最需要什么？

主持人：课堂教学是一门科学，是一门艺术，教师的教学需要教学魅力，需要激情，需要有自己的教学风格。根据学校申领的课题"小学和合教育的实践与研究"，和合的课堂教学可能需要的更多。

杨凯敏：我认为教师最需要的是语言的艺术性，著名特级教师于永正老师曾经说过：语言不是蜜，但是能粘住学生。教师需要用真诚的、恰当的语言来评价自己的学生，评价语要以好的为主，多采用激励性的语言，多采用引导性的语言，多采用儿童化的语言。

吴伟昌：是啊，教师用真诚的语言评价学生，是对学生最好的肯定。用富有童趣的、形象夸张的、丰富多彩的语言，来表达自己对学生的关爱，这就是教学的艺术。

董海英：我认为教师还需要大胆探索、尝试，从而形成自己鲜明的教学风格。在班里，我就如何提高学生的写作能力做了一些探索、尝试，如让孩子们分享图书、写日记等。当我收到家长的表扬信，说孩子的作文进步很大时，我觉得这是对我最好的回报。

吴伟昌：听着董老师的话，我不禁想起来自己做小学语文教师的往事，和董老师说的一样，作文教学是我当时颇费了一番心思的。我觉得在作文教学中，除了董老师说的那些办法以外，还要注重让学生感受成功的喜悦，如可以采用编写手抄报、为学生作品发表提供平台、让学生积极参与各级各类的征文比赛等。

秦文贤：刚才两位老师说得太好了。我们做老师的，需要的就是这样独具个性的创新思维，而且这种独具个性的创新思维还需要坚守。坚守是需要毅力的，但必定也是会有成果的。

问题三：教师教育最需要什么？

主持人：教育重在育人，教育的核心就在于要培养真正的人。作为教育的主导者，教师在对学生的教育过程中，不仅要注重智力的发展，更要关注那些非智力因素对智力发展的促进作用。

朱韶蕾：我认为教师需要有一双发现美的眼睛。比如，对于我们经常遇到的学习"暂困生"，我们就不能只留意他们的缺点，而要善于寻找他们身上的闪光点，并及时给予表扬鼓励，这样就有可能起到意想不到的教育效果。其实美是无处不在的，对于我们的眼睛来说，生活中不是缺少美，而是缺少发现。

秦文贤：刚才朱老师其实是说了一个学生观的问题。教师发现了美，就会引发教学行为的变化，转变自己对学生的看法；而学生也有可能因为你对他态度的变化，而改变自己的学习态度。

陆冬梅：作为一名班主任，我认为需要有一颗平常心，有一个宽容的心态。对于班级学生间的小摩擦，我们可以用平常心对待；对于学生的小错误，我们也不妨宽容对待；对于班级中的很多烦琐的小事，我们不要心急火燎地急于指责与批评，而可以冷静地让学生自己解决。用一个宽容的态度对待学生，用一个平常的心态管理班级，有时反而能取得好的效果。

何群峰：我把本书目录中的每条建议都通读了一遍，然后选择了几点自己还没有做到的方面重点读，最后我总结自己的观点为：教师最需要责任心。其实专家们说的不论是认识、发现、发展自我还是创造、成就自我，都离不开一个人的责任心。教师的责任心不是在轰轰烈烈中展示，而是在平凡、普通、细微甚至琐碎中体现。作为一名教师，我要对学生负责，对家长负责，对学校负责。

顾晓东：听了雪浪中心小学各位老师的发言，感觉启发良多。我们教师需要的东西很多，我们教师的成长需要契机，教师的发展也需要机遇，那么一本书、一堂课、一篇文，都有可能就是一个契机、一次机遇，就像今天这样的研讨，都能为我们的成长提供帮助。我们需要他人的鼓励，需要成功的、失败的体验，因为这些都可能让我们坚定自己的信心，明确努力的方向，提高我们把握契机的能力。一个教师的成长过程中，阅读自然是必不可少的，雪浪中心小学利用"教科研月"开展了读一本好书的活动，并进行了今天的研讨，这是一个充满智慧的举措。

吴伟昌：今天和雪浪中心小学的老师一起探讨了"教师最需要什么"这个话题，我有这样的思考：这样的形式难道不就是教科研的一种很实在的方法吗？我们一直说怎么样搞有效的教科研，今天这样实在、真实的场面，不就是我们所需要的教科研的模式吗？……

主持人：一个人的精神发展史就是一个人的阅读史。本学期我们通过对《教师最需要什么——中外教育家给教师最有价值的建议》一书的阅读，并通过今天和领导专家的沙龙交流，对于"教师最需要什么"有了一个更清晰的认识。相信在今后的教育教学工作中，我们老师更能体会到人生的真谛，在认识自我、发现自我、发展自我、创造自我、成就自我中获得幸福和快乐。

反思

读书可以丰富一个人的思想阅历，可以充实一个人的精神生活，可以提高一个人的理论素养。一所优秀的学校是一个充满琅琅读书声的场所，是一个飘溢书香韵味的圣地。学生的成长离不开书籍的熏陶，同样，教师的成长也离不开书籍的滋润。在学校教科研工作中，要坚持把读书和学习作为促进教师成长的重要手段，让读书成为教师的一种习惯，成为教师日常教育教学中不可分割的一部分；让教师在读一本好书的同时，适时开展沙龙活动，交流读书心得，从读中思、从思中悟，将个人的学习心得内化吸收，相互探讨，取长补短，用好书来抬升教科研品质，这也许就是提高教科研实效性的有效方法之一。

（三）个人的深度阅读

周国平认为，阅读是人的一种文化生活。他说："严格意义上的阅读应该是个人的一种文化生活，是读那些有文化内涵的文字，是进入到这些文字所承载的文化传统中进行思考的行为。能够承担这个功能的，唯有好的书籍，尤其是经典名著。这一点不会因为新技术的出现而改变，纸质产品和数字化产品只是形式不同，关键在内涵，从网络上读孔子和柏拉图与从纸质书上读没有本质区别。"[①]

值得深度阅读的书，一定是有内涵的书。这样的书通常是经典。经典的书是经过大浪淘沙世代流传下来的，比如中国的四大名著。这样的书，值得每个人读。除此之外，还有哪些书是值得读的？有一个笨办法，就是多读。读得多了，自然就有了欣赏、评判的眼光，粗略一翻便知好不好、值不值；读得多了，自然也就能够花相对较少的时间去领略书中大意。当然，在工作繁忙、读书时间有限的情况下，要读到好书，就需要有捷径，也更需要有智慧的读书方法。水秀幼儿园园长李燕根据自己的读书经验，写下了《生活，因阅读而有味》，对于教师读书，颇有启发。

附5-4　生活，因阅读而有味[②]

阅读，让人变得懂事、文明；阅读，让人变得高尚、完美；阅读，使

① 周国平. 世上并无浅阅读 [EB/OL]. （2011-09-09）[2012-09-15]. http://blog.sina.com.cn/s/blog_471d6f680102dt3t.html.

② 李燕. 生活，因阅读而有味 [EB/OL].（2010-11-17）[2012-09-20]. http://www.bhjsyxw.cn/tresearch/a/1455246554cid00047.

人类走出了蛮荒；阅读，使人类有了自己的历史……那如何在阅读过程中使自己的生活有味，让阅读达到最好的效果呢？在此谈谈个人的几点想法：

一、为何读书？

曾经是把读书作为一种休闲的方式，闲来无事时一杯茶、一本书，静静地享受，试着与小说中的人物进行灵魂交流，提升心智生活，品尝智力的提高、心情的愉悦。如今，随着工作、学习、生活的需要，阅读有了很强的目的性，它也成了我自身成长的载体。

1. 为实际用途而读

在实际工作中，在教育教学管理过程中，有许多必读的教育理论图书、管理类图书，对工作效率的提高有很多帮助。具体如管理类：《中国管理C模式》《大国崛起》《第五项修炼》《高效能人士的七个习惯》等，它们在幼儿园集团化管理中给予了我很多参考，引发了我思维的火花，给我提供了借鉴的方式。又如理论类：《教育—哲学论》《教育社会学》《论教育》《儿童发展》等，它们帮助我把握教育命脉，把握儿童发展规律，同时找到了教育与其他学科的衔接点，也为自己的教育管理提供了很好的理论指导。又如实践类：《中国教育报》《中国教师报》《现代教育报》《学前教育研究》《儿童的一百种语言》《早期教育》等，它们可以帮助我及时了解教育最前沿的动态，同时对自己的专业成长做方向性指导。

2. 为精神启迪而读

阅读，可以让自己做一个有灵魂的人，时间久了，虽然没有在脑中留下什么，但感觉由内至外都很充实。随着到教育家书院学习的深入，选择此类书也有了一定的标准——像周国平教授所说的那样，看书要有两个标准，第一要有趣，第二要起点高。而后的《西方的智慧》《苏菲的世界》《幸福是什么》等，让我在处世中，试着用自己的眼睛去"观"，然后"观"世界、"观"社会。

3. 为修身养性而读

对照自己，给自己的身份定位有：教师、学生、园长、母亲、妻子、女儿、媳妇、朋友、下属……不理不知道，一理吓一跳，自己如何在社会、家庭、单位把每个角色都担当到位，又能做到到位而不越位？通过阅读来修身养性是不可少的途径，所以我的床头、枕边、沙发上、茶几里到处可看到《读者》《意林》《细节》《瑞丽家居》《37℃女人》《小说月报》《不生病的智慧》……随手拈来既可休闲又可养生。

二、如何读书？

1. 集中时间，博闻强记

大量的理论书，内容深奥不容易读懂、理解，但往往越是难读懂的书，对自己的提升越有帮助，每天在孩子们放学后的4点到5点这一个小时，是校园里最安静的时候，我会静静地进行阅读、强记。还有就是每天晚上6：30到9：30这三个小时，我会阅读专业书，同时写记录、做摘记、做反思，试图通过大量的理论类、专业类、管理类图书的阅读，来提高自己的记忆力及语言表达能力。

2. 出差路途，电子阅读

出差时，太重、太厚的书拿着不方便，电子书发挥出特有的作用，之前收集的各种阅读材料就可以进行轻松阅读。原来认为中国文化背景和国外不同，拒绝了许多外国名著和经典文学，进行了电子书的阅读后，我改变了原来的想法——正是一次出差途中读《绿山墙的安妮》后，我明白了孩子不论国籍都可爱，文学作品不论作者国籍都可读。

3. 闲暇时刻，收集资讯

每一本书、每一份杂志都可能是一道窗户，改变我们对世界观望的方向；或是一道门户，改变我们人生真正走出去的方向。报刊的日常阅读，往往会给我们一些意外的线索和收获，双休日、节假日时浏览一段时间里收集好的所有报纸、杂志，迅速地对文章做鸟瞰式感知，用较短的时间通读一遍，可以获取大量的有效信息。对养生类知识、新颖的标题、精美的图案、时尚的装饰我也会随时做好搜集，为幼儿园的环境设计、为文章书写的标题有意识地做好准备，到需要用时拿来就是。

三、怎样选书？

对读者来讲，阅读最重要的是内容，而内容如何读者往往不会像"X"光那样有透视的功力。那么有什么好办法来找到好书呢？

1. 听专家意见

专家开出来的书目可以直接阅读，2010年4月参加了教育家书院的学习后，每一位专家在给我们讲座完后总会开出一个书单，我们会照着开出的书单购买好。像《文明的进程》《马桥词典》《叫魂》《教育社会学》《幸福是什么》等有专业有看头的书都是专家介绍的。

2. 选择作者

我有一个习惯，买书第一件事儿就是看作者是谁。因为有一些自己已经喜欢的作者，买书就冲着作者了。但是喜欢的作者是有阶段性的——一段时间喜欢张恨水，一段时间喜欢张爱玲，再一段时间喜欢贾平凹，然后是李敖，现在就无固定的了。对作者的了解，也可以通过当当网、卓越网等专门售书的网站进行了解，随后慢慢挑选。

3. 互相推荐

在我们的书香校园网上，老师们可以把自己最近阅读到的好书推荐给伙伴们。在推荐的同时，要把这本书的作者、大概内容进行详细介绍，老师们要根据自己的需要进行借阅或者自行购买阅读，省却了大量选书的时间和精力。

个人深度阅读，一定伴随着个人的思考。同样一本书，不同的读者会有不同的解读。所谓"一千个读者，就有一千个哈姆雷特"，又所谓"六经注我，我注六经"，读书是"我"在读，"我"通过书与作者在精神上"相遇"，"我"要表达自己的阅读感受和思考。因此，无论读什么书，总是伴随着个人思考的。当然，即使是同一个人，在不同的阶段读同一本书，也会有不同的感受、不同的思考。这种变化既源于自身经历，也来自读书和研究本身。正如黑格尔所说："逻辑像文法的地方就在于：文法对初学的人说来是一回事，对于通晓语言（或几种种语言）和语言本质的人说来是另一回事。逻辑对于刚开始研究逻辑以及一般地刚开始研究各种科学的人来说是一回事，而对于研究了各种科学又回过来研究逻辑的人说来则是另一回事。"① "正像同一句格言，从年轻人（即使他对这句格言理解得完全正确）的口中说出来时，总是没有那种在饱经风霜的成年人的智慧中所具有的意义和广袤性，后者能够表达出这句格言所包含的内容的全部力量。"②

无论是哪一种阅读，读书的人都在过一种文化生活，这是一种超越物质生活之上的另一种生活。

---

① 黑格尔. 黑格尔《逻辑学》一书摘要［M］//列宁. 列宁全集：38. 北京：人民出版社，1959：97.

② 黑格尔. 黑格尔《逻辑学》一书摘要［M］//列宁. 列宁全集：38. 北京：人民出版社，1959：98.

有人问作家余华："三十年的阅读给了你什么？"

余华写道："面对这样的问题，如同面对宽广的大海，我感到自己无言以对。我曾经在一篇文章的结尾这样描述自己的阅读经历：'我对那些伟大作品的每一次阅读，都会被它们带走。我就像是一个胆怯的孩子，小心翼翼地抓住它们的衣角，模仿着它们的步伐，在时间的长河里缓缓走去，那是温暖和百感交集的旅程。它们将我带走，然后又让我独自一人回去。当我回来之后，才知道它们已经永远和我在一起了。'"① 教师的阅读也如余华所说吧。

2012 年，滨湖区创办了"湖上书院"，这是一个专门为教师们提供读书、研修、论辩的地方。读书人的最大爱好就是逛书店、淘书。爱书的人，总是对书店有着别样的情愫。下面的文字是从"湖上书院"网站的一篇关于逛书店的帖子上摘录的，名字叫"一场温暖的遇见"。读书人的情思可见一斑。

附 5-5　一场温暖的遇见②

对书店的情有独钟，已经有十多年了吧。每淘到一本书便会有他乡遇故知的欣喜感，然后翻开扉页签上自己的名字，如同在某个街角遇到的故人。近两年，书店一如既往地逛，甚至有过之无不及地搜寻精神的猎物，但大摞小叠地带回来，是再也没有发生过的事，顶多也就是带回屈指可数的几本，通常是在别的地方找不到的版本。倒是开始经常用手机记录下来中意的书，待回去便一头扎进卓越（网）或是当当（网）尽数收入麾下。网上书店的低折扣和品种全对民营书店的冲击是众所周知的事，连我这个多年的老朋友也背叛了那些门店，实在有些迫不得已的意思。这几天对杭州几家知名书店的拜访，让我看到了一些理想者的坚守，也看到了他们的举步维艰，欣慰中更多的是心酸和遗憾。

杭州书林

湖上书院的杭州之行，我们期待了很久……满怀信心的寻找，带给我们的只有迷茫和失望。……几经周折，在一处小区的楼下找到了杭州书

---

① 余华. 十个词汇里的中国［M］. 台北：麦田出版股份有限公司，2010：85.

② 庄存文. 一场温暖的遇见［EB/OL］.（2012-05-15）［2012-09-30］. http：//www.bhjsyxw.cn/tresearch/a/1277048316cid00047.

林——路段极为偏僻,牌匾也立在门口像是落魄的秀才,很难让人想象到以前的它能有那么辉煌。进去一看,更见寒酸和沧桑了。书架与书架挤在一起,留出的行道不足一米,大多书上都留有污渍,俨然是旧书摊的风格……有部分书堆集在地上,虽然进行了简单的分门别类,但一点没有"书林"的大气,杂乱得像是一个仓库。我仔细浏览了那些书,好多都可以冠以"好"字,甚至有相当一部分算是珍贵的级别了,有一本已经绝版的《叶赛宁评传》,我毫不犹豫地买了下来,那是本"孔夫子"(一家专卖老旧图书的网站——笔者注)上都没有货的珍品。书的质量与书店的环境让人哭笑不得,如同历史上被埋没的无数才子圣贤,恐怕在这里能找到相似的缩影。不得不说,曾经以文史、教育、音乐三面大旗傲立于市声中的杭州书林,如今已是强弩之末了。想起一句诗:"林中多歧路,而殊途同归。"只要这些书还能找到知音,还能有机会静处在这个"杂货间"等待一双手将她捧起,暂时的屈居也便算是一种策略了。同时,我对这家书店自戕式的坚持有了无限的敬意……

枫林晚·书立方

当年同样在文三路上叱咤风云的枫林晚,也另觅宝地去了。只是它的处境比起杭州书林,真可谓天壤之别,甚至一楼的图书区和二楼的沙龙区组合起来也隐隐透着书香特有的霸气。枫林晚书店的今天,离不开它的沙龙活动。那一系列与之相关的学者作家诗人的名字,不仅仅是一次次讲座,他们所形成的文化氛围和文化魅力,是仅仅以书为本的书店永远无法企及的。我们去的时候,正好是他们十五周年的系列纪念活动。不知道"在场"这一主题是不是来自海德格尔的存在哲学,但"十五年,一场温暖的遇见"一句,却实实在在地攫住了我的心。不用说周国平、陈嘉映、熊培云、张铁志这些大家的十五场讲座,就因为这书与人的温暖相遇,也该在枫林晚停留片刻的。事实上,所有的故事会在那片刻成为永恒。据说慕容雪刀在这里用一年的时间完成了他的某部作品,除了巴黎的左岸,国内还真算得上是奇迹。这家书店的书并不多,畅销书和最新推出的书是其主要风格,文史哲方面的经典之作是很少的,或许他们的定位就在于"新"上。但是,总会有几本书那么吸引人,对于我来讲,能找到一本荷尔德林的诗集,就足以对枫林晚刮目相看了。还要找一点特有现象的话,应该是他们对新老顾客的称呼——枫籽,让人联想无穷,既有哲思意味又有诗性……

晓风书店

就处于闹市这一点来讲，晓风书店有悖于"晓风"这一雅称，除了牌匾的古典，从外面看上去它与一般店铺毫无二致。等进去一看，却是另一番境地，温馨得像是一家大学者的书房，层次当然在汗牛充栋的那类。如果秀外慧中是大家公认的上上气质，那么素外慧中则是一种大境界了。整个店面安静得出奇，相信对书有特殊感情的人们，一下子会有归宿的感觉。在娱乐和功利充斥在每个角落的当下，难得有一处让人静心的处所，当僻静的自然也被人们开发成景点以供搔首弄姿地作秀的时候，让内心沉静下来的途径恐怕只有书和真正的艺术了。而书店作为一个思想与思想邂逅的场所，一个作者与读者倾心相与的地方，晓风的布置是深得这一精髓的。他们对历史、对文化典籍、对艺术的推崇可以通过不同的专柜显示出来，梁思成的《中国建筑史》《佛像的历史》、塞尚的画册及书简、荣宝斋的书画明信片等，这是在其他书店不容易碰到的。就是古代典籍的译注本，也难以像他们这样全面地专列出来。当然，儿童读物的专柜也与畅销模式大不相同，偏重于国学和艺术方面。整个店面并不大，但设计得相当有品位，中间的大厅被书架分隔得错落有致，完全感觉不出商业气息。靠西侧的屋子是一些文具及儿童读物，靠东那间最能显出温馨的书卷气了：设计精美的笔记本、从容雅致的会客区、典雅珍贵的钱钟书手稿、琳琅满目的古籍画册……任哪一处都散发着文化的大手笔。如果说枫林晚有着贵妇之雍容的话，那么晓风就兼具大家闺秀的气魄和小家碧玉的纯雅了。坚守在繁华街区的它，还真有些"大隐隐于市"的风范。

……

第二节　通过理论学习把握教育教学的深层道理

教师当然是在"真刀真枪"的教育实践中发展的，但是，并不是所有的实践都能实现教师的发展。那种盲目的、粗陋的、无反思的、不自觉的实践，是很难促进教师的自觉发展的。有许多老师终其一生，都没能成为好教师的原因，大多都是由于其实践是不自觉的、粗陋的。一个好厨子一定是能烧出好菜的厨子，一个好教师一定是从事着优秀教育实践的教师。那么，优秀的教育实践从哪里来？

当然要"真刀真枪"地"摸爬滚打"，但只靠个人的"摸爬滚打"不可能实现快速发展，所以，我们主张进行自觉的教育实践、主动的教育实验。而自觉的实践和主动的实验，离不开对前人和他人经验的吸取，而吸取经验的最快速的方式就是学习，尤其是系统的理论学习和研究。如果说广泛的阅读是在增强教师素养的话，那么，系统的理论学习就是在引领教师拓宽思想，自觉、深入地去思考教育教学问题。如果没有系统的理论学习，就不可能有自主、自觉而又有创造性的实践，更不可能有能力真正从事有意义的教育实验研究。在这个意义上，改革实践、实验探索、理论学习研究三者密不可分，而且内在地成为一体。

事实上，教师们在教育实践中总是要学习的。例如，许多教师最喜欢学习的是优秀教师的教案、其他教师课堂教学的"招数"，等等。这样的学习当然无可厚非，而且也是需要的、有意义的。但是，仅仅以模仿的方式学习具体的方法和技术，不可能使教师得到持久的发展，也不可能为教师创造性地改进教学提供帮助。有人把教师学习仅仅理解为参加几次短期培训，这显然值得商榷。虽然短期培训十分必要，但仅有此是不够的。如果培训只是走走形式、华而不实，那就更成问题了。唯有长期的、系统的理论学习，才可能逐渐显现效果。

所谓系统的理论学习研究，不是只知道几个教育名词术语就可以了，而是要理解教育学的基本概念；不是只学得若干教育学知识技能就可以了，而是要深刻地领会教育学的基本原理。要能将所学的理论应用于实践探索和实验研究之中，在自己主动的实践探索和实验研究中检验、验证、批判、吸收，进而得出自己对于教学活动的新的理解甚至新的见解。总之，教师系统的理论学习，就是要吸收人类历史上一切优秀教育历史遗产，用教育理论来武装自己的头脑。用教育理论来武装自己的头脑，就是把人类有关教育的实践智慧转化为自己的智慧，就是走一条把握教育活动本质的捷径，用前人或他人的研究成果来增强自己对教育活动的理解，从而进一步转化为自己的主动的实践，形成自己的新的思想。[①]《礼记·学记》有云："君子

---

① 郭华. 我国教师专业发展的实践探索：主体教育实验 18 年回顾 [J]. 北京师范大学学报：社会科学版，2010（5）：21-27.

既知教之所由兴，又知教之所由废，然后可以为人师也。"学习理论，就是要把握教育活动之所以成败的根本缘由，这是成为一名优秀教师的最重要的基础。因此，学习理论，不是停留于技艺层面的简单模仿，而是对教育活动的深刻把握，是既知其然又知其所以然。

滨湖区是一个有文化底蕴的教育强区，鼓励教师读书、交流，更把系统的理论学习摆在重要的位置上。教育局的制度明确规定了理论学习的任务和地位。例如：

"三达标"考核基本业务档案中明确规定，教师要有一部教育专著的读书笔记。

《无锡市滨湖区班主任骨干教师管理考核办法》中明确规定，班主任骨干教师要"认真学习教育理论，熟练掌握教育学、心理学等基本知识……每年完成班级管理日志、学习日志不少于10000字"。

《无锡市教学新秀（区教学能手）业务考核量化评分办法》中，也将"努力开展教育科研，积极参与教育（学）课题研究；努力撰写教育（学）论文或参编高质量的教学参考资料，并正式发表或得奖"，作为重要的量化考核指标。

除了这些量化指标，教育局也切实做事，帮助全体教师达到目标，如带领读书、建立滨湖教师研修网作为理论学习的交流基地，等等。

下表所列，便是2012年滨湖区教育系统理论学习的推荐书目。

2012年滨湖区教育系统"书香致远"活动推荐书目

指定必读书目
《给教师的建议》，（苏）苏霍姆林斯基著，杜殿坤编译，教育科学出版社，1984年第2版
推荐拓展书目
1. 《学记评注》，高时良编著，人民教育出版社，1983年
2. 《中国古代教育论著选》，华东师大、浙江大学教育系主编，人民教育出版社，2000年
3. 《中国教育家评传》，沈灌群、毛礼锐主编，上海教育出版社，2000年
4. 《外国教育家评传》，赵祥麟主编，上海教育出版社，2000年
5. 《陶行知教育文集》，陶行知著，江苏教育出版社，2001年
6. 《蔡元培教育论著选》，高平叔编，人民教育出版社，1994年
7. 《陈鹤琴教育论著选》，陈鹤琴著，人民教育出版社，1994年

好教师：
从哪里来？

180

指定必读书目
8. 《无锡国专编年事辑》，刘桂秋著，中国大百科全书出版社，2011 年
9. 《现代西方教育哲学的历史考察》，彭正梅著，上海教育出版社，2010 年
10. 《教学教育过程最优化》，（苏）巴班斯基著，吴文侃译，教育科学出版社，2001 年
11. 《讨论式教学法：实现民主课堂的方法与技巧》，（美）布鲁克菲尔德、普瑞斯基尔著，罗静、褚保堂译，中国轻工业出版社，2002 年
12. 《教育评价》，（美）布卢姆著，邱渊、王钢等译，华东师范大学出版社，1987 年
13. 《教育漫话》，（英）约翰·洛克著，徐诚、杨汉麟译，河北人民出版社，1998 年
14. 《审美教育书简》，（德）席勒著，范大灿译，北京大学出版社，1984 年
15. 《网络社会与学校教育》，马和民、吴瑞君主编，上海教育出版社，2002 年
16. 《中国近代教科书的启蒙价值》，吴小鸥著，福建教育出版社，2011 年
17. 《如何掌控自己的时间和生活》，（美）拉金著，刘祥亚译，金城出版社，2005 年
18. 《科学史》，（英）丹皮尔著，李桁译，商务印书馆，1997 年
19. 《时间简史——从大爆炸到黑洞》，（美）史蒂芬·霍金著，许明贤、吴忠超译，湖南科学技术出版社，1996 年
20. 《怎样说孩子才会听 怎样听孩子才肯说》，（美）阿黛尔·法伯、伊莱恩·玛兹丽施著，安燕玲译，中央编译出版社，2009 年
21. 《高难度谈话》，（美）道格拉斯·斯通、布鲁斯·佩顿、希拉·汉著，王甜甜译，中国城市出版社，2011 年
22. 《光荣与梦想》，（美）威廉·曼彻斯特著，朱协译，海南出版社，2004 年
23. 《是什么决定你的工资》，吕国荣、方华明编著，中国经济出版社，2010 年
24. 《有为才有位》，邱庆剑著，机械工业出版社，2011 年
25. 《细节决定成败》，汪中求著，新华出版社，2004 年
26. 《读库》系列，张立宪主编，新星出版社，2011 年
27. 《昆虫记》，（法）法布尔著，北京科学技术出版社，2006 年
28. 《从一到无穷大》，（美）乔治·伽莫夫著，暴永宁译，科学出版社，2002 年
29. 《生命的多样性》，（美）爱德华·欧·威尔逊著，王芷、唐佳青、王周等译，湖南科学技术出版社，2004 年
30. 《丁丁历险记》，（比）埃尔热著，任杰译，中国少年儿童出版社，2002 年
31. 其他

系统的理论学习是提高教师素质的保证。法国中学的哲学教育闻名世界，这与法国高中教师的哲学理论素养高是分不开的。《南方周末》的一篇文章《法国中学的哲学教育》中提到法国高中教师素质的内容："极其严格的高中教师资格考试保证了中学哲学教师的素质。很多高中教师都有博士学位，他们像大学教师一样同时从事研究、出版著作，甚至成为某些领域的知名专家。不少学者在找到大学教职之前都会在中学任教一段时间。如果在学术会议上你碰到某位法国学者，头衔不过是中学教师，你因此轻视他，那就错了，因为他可能已经出版了好几本著作并得到业内同行的承认。"[①] 文章作者有一个法国朋友，他以一篇关于卢梭的论文获得哲学博士学位，之后一直在一所高中教哲学。有高素养的教师才可能有高质量的教育。教师的素养离不开系统的理论学习。坚持系统的理论学习，教师才能够全面把握学科的基本结构，融会贯通地思考教育教学活动的基本问题，用最恰当的方式进行教学，让教学变得轻松而愉快。"有家长也谈起过，说我们的孩子很佩服你，因为你不像老师像学者。无论从哪里遇到的题目，拿出来给我，我会帮学生一起讨论，一起研究。研究的这个过程，对孩子是很好的。"沈晓东说，"我们把教师的发展划分为五个序列，新秀—能手—学科带头人—名教师—特级。"在教师发展的这个序列里，没有理论学习，就很难进入下一个序列。

我们在第一章中曾介绍过王中敏老师主持的语文工作室强调理论学习，主张"读书·读人·出课·出文"。同样，丁晓伦老师主持的英语学科名师工作室，也非常强调通过系统的理论学习来提高教师的素养。

在与我们的交谈中，丁晓伦老师提到：

2006年我们选学员的时候，也是一种探索，要求教学上得过一些奖的，同时对业务上、工作上都要考虑。我们英语学科，人数本来就少一些，年龄年轻一些，年轻老师冒尖的也比较多，而老的都已经退休了，于是年龄要求35岁以下。后来选了七八个人，现在他们去年（2010年）年底（满四年）都已经毕业了。通过问卷和我个人调查，我感觉他们都上了道，一般都比较成熟了。

---

① 崇明. 法国中学的哲学教育 ［N］. 南方周末，2012-07-05（23/24）.

为什么特别强调名师班的教师开展理论学习呢？丁老师说：

当时发现他们教学技能上没有问题，英语水平也没有问题，够用。所以主要是在理论上进行学习，因为他们思想上、理论上还有不足。……外语教学法是最被看不起的，有的学校，包括师范学校，没有教学经验的人去上教学法。那好，我来给你补。比如前一段交谈法比较火，我就让他们看一些反面的东西，比如《学英语要通过母语来学》，让他们进行思维的锻炼。再比如体验式的学习、融入阅读教学，都值得思考。小学的外语课是综合性的。读写领先，听说跟上，小孩子能听说的东西，都是课本上能背出来的东西。我们进行理论学习，就是要纠正一个理念，卸下一个包袱。

由于对系统理论学习的重要性有深刻的认识，滨湖区因而能够自觉地在教师专业发展的各个阶段强调教师的理论学习。坚持不懈的系统理论学习，为滨湖区优秀教师队伍的建设打下了坚实的基础。这使得教师能够站在巨人的肩膀上高瞻远瞩，能够时常与思想家对话交流，使得教师有了坚实的理论基础和对教育活动的深刻理解。如此，教育实践及教育改革能够从容地按照教育活动的规律来进行，避免了有些地区出现的各种改革风潮云涌却又不知所终的局面。借助理论学习的奠基，滨湖区的教育走上了一条健康发展的道路。

第三节　理论学习增强教师思想的深度

理论学习对教师专业发展的作用，不像硬件投入那样立竿见影，也不及集体攻关"做课"那样可以快速提升教师授课的水平。理论学习对教师的影响，缓慢却持久，是潜移默化的深入与滋养。理论学习对教师的影响，主要表现在分析问题的角度以及深刻的思维方式上。系统的理论学习再加上教师的主动实践，最终成为教师个人的教育思想和教育理论。

邱华国热爱读书。他的《"差异"还是"差距"》①一文在《人民教

①　详见《人民教育》2011 年第 22 期。

育》发表后，引起了读者的热烈反馈。一位读者打电话到编辑部，对责任编辑余慧娟说："请代我向邱华国表示感谢，他写了一篇好文章！"邱华国的文章没有华丽的词汇，也没有新鲜的理论，为什么读者反响强烈呢？这篇文章，正是反映了邱华国对教育教学活动的看法，这种看，是用自己的眼睛、自己的积淀、自己的思想在看，因而能够有自己的主见，而这种主见，并不是标新立异、为不同而不同，而是反映着实实在在的美国教育，反映着自己对美国教育的看法，以及拿之与装在心中的中国教育实践进行对比的结果。于是，文章就不是为写而写，而是为抒发而写，为追求更好的教育实践而写，也就能写出与通常看美国教育的人不同的感想。

有了自己的独立思考和见解，才能更好地吸收和借鉴他者的经验。例如，关于美国教育，我们总是一厢情愿地以为，美国的教育一定与中国的不一样，是截然相反的。比如，我们重视纪律，就想当然地认为美国一定不重纪律而重自由。这种观念把自由与纪律简单地对应起来，可能在教育实践中导致我们放弃原有的优势，转而去学习美国所谓的自由。2011 年，潘望洁到美国考察，写了一篇考察手记《让我们排队走》。从这篇文章里，我们能看到自信的教师是如何看待他者经验的，一个有思考的教师是如何观察他国经验的。她说："没有一种好的教育会鼓励唯我独尊的所谓'个性'，没有一种好的教育会助长为所欲为的所谓'自由'。真正有意义的个性与自由体现为独立思考与创新精神，真正有价值的个性与自由绝不能少了对他人、对秩序的尊重。"① 这段话，相信会给许多人以启发，也会让许多专家汗颜。

2002 年暑假，滨湖区教育局组织中小学英语教师赴澳大利亚北悉尼大学进行英语短期培训。培训归来，丁晓伦老师写了一篇随想。这篇国外教育培训随想，与 90 年前寒匡环球旅行的泛泛记述已经完全不同，而是着力于通过对比思考，更深层次地反思当前英语教学存在的误区。

---

① 郭华. 差异？差距？：中国校长美国考察笔记［M］. 北京：教育科学出版社，2012：105.

附 5-6　悉尼短训随想
——对小学英语教学的再思考（节选）①

......

一、听、说、读、写必须相辅相成

首先值得一提的是，在北悉大的课上也并不只是一味的听说交流，而常有一些以语法为核心的阅读与笔头练习，这种练习与听说活动大致成 1∶1 的比例。这给那些片面认为学英语只要多听多说而忽略或不愿意读写背记的人，提出了一个值得思考的问题。其实，听、说、读、写这四项技能，是互相依存、互相促进的。英语学习的过程是离不开认知活动的（参见：胡春洞《外语教学中认知与交际的关系》、赵小沛《外语教学不可忽视认知的重要性》）。

英语课程标准明确指出：语言知识和语言技能是综合语言运用能力的基础。这里的语言知识，就是指语音、词汇、语法等。无独有偶，北悉大在发给每位学员的《学习指南》中也明确要求学员每天记住一定量的单词。学校这样的要求是科学合理的。一个人的听说交际能力以及读写交际能力可以用词汇量来衡量，这早已是定论。根据复旦大学陆谷孙教授主编的《英汉大词典》中的词汇能力测定表，把英语作为外语的人，主动或被动掌握 6000 个词（指按该测定表的测定结果，而非实际的词汇量，下同）仅达到英语国家一般学童的词汇能力；掌握 12000—18000 个，相当于英语国家受过一般教育的成年人的词汇程度以及基本的读写交际能力；如测认的词汇达 24000—30000 个，可被视作已具有英语国家内受过良好教育且阅读面很广的职业人士的词汇能力，读写交际游刃有余。因此，虽然读写交际能力不等于听说交际能力，但是它必定影响听说交际能力。由此可以看出，"哑巴英语"这个坎，光凭多听多说而脱离了词汇和语法语言知识，是无法突破的。

这一点也向我们提出一个问题：学生在学习英语的起步阶段，如何找到单词学习的切入点？按我省的牛津版小学英语教科书的要求，小学阶段要掌握 800 多个单词，与原来的省编译林版教材相比，单词量增加了 500 多个；而学习时间虽说增加了两年，但是三年级只要求听说，这 800 多个单词

---

① 丁晓伦. 悉尼短训随想：对小学英语教学的再思考 [J]. 滨湖教育, 2003（1）：57-59.

实际集中在四、五、六三个年级里学完,平均每年学230多个。以前的译林版教材共有300多个单词,分五、六两个年级学完,平均每年学150多个。根据小学生的生理、心理特点,每个年级的孩子在学习能力上会有很大的差别,学会230个单词,四年级学生要比五年级学生的困难大得多。背记单词是把双刃剑:它既可以因单词积累得多而促进听说读写,又可能让学生忽视听说交际活动而把注意力放到机械的背记单词任务上,使原本应该充满兴趣的学习过程变得枯燥单调,从而使学生失去兴趣。当然,这两个截然不同的结果的产生,取决于教师的教。那么在目前这套教科书不变的情况下,可否在三年级找到渗透单词学习的切入点?回答是肯定的,前提是保证学生的兴趣不受影响,保证听、说、唱、游戏、表演等活动不受影响。如果能够做到这些,三年级学生的听说能力肯定会得到提高,也能有助发掘他们潜在的学习能力,还可以减轻以后几个年级,尤其是四年级上学期的压力。

二、英语交际能力离不开认知水平

在这次培训的开始阶段,我们有些教师在听说方面有点不适应,但不久以后,就很快冒尖了。究其原因,是相对于班里的同学来说,他们的词汇、语法知识基础比较好,阅读能力比较强,写作水平因而比较高,听说能力的后劲也就比较足。我们的老师深切地体会到,不能忽视语言知识、阅读、写作,而单一地只注重听说。听、说、读、写这四项技能是相辅相成的。这点体会是很有现实意义的。我国的外语教学因为存在"哑巴英语"现象而受到很多批评和指责,因此出现了另一种倾向:以为只要加强听说,而可以忽视读写。确实,外语课堂教学本身是存在一些问题,但是课程设置、考试形式、社会的外语言环境等,更是造成"哑巴英语"的重要因素。而且,"哑巴外语"似乎是一个世界性的普遍现象。笔者有意在澳大利亚做了一些调查,发现他们的中学生,对法语(他们的外语科目)的听说也是"哑巴"式的。英国驻华大使馆的文化参赞、英国文化委员会驻中国办事处主任沙利文先生曾说过,英国高中生的法语听说能力也过不了关。

"哑巴外语",是一个世界性的难题,主要是受外部因素的制约而造成的。因此,我们一定要改革课堂教学,同时更要改革外部环境,即要加强课改力度,如改变高考、中考的形式和手段,等等。但是,在外部环境没有改变之前,我们仍然应该让学生打下扎实的语言知识基础,这可以使他们一旦遇到有利的语言环境，便能在听说方面较快地冒尖。我们千万不能像倒洗澡水连同把孩子也倒掉那样，在反思听说这一薄弱环节而要加强它时，忽视了语言基础知识的教学重要性。

其实，我们老师在听说能力上表现出的"后发制人"，使我觉得中国的老师教英语是挺棒的！我国有不少学外语的大师，不就是我们中国人给他们打的基础，或是由中国人教出来的吗？在澳大利亚进修时，老外讲语法概念（与国内讲语法的课基本一个样），就是讲不到点子上，而要请我们中国老师来讲。这也提醒我们：千万不要妄自菲薄，总认为老外教外语比中国人强。以英语为母语的外教，在语言上确实有优势，但是，在面对我们的课程、课务、考试等情况时，在面对中国的孩子时，外教的语言知识教学技巧，是不如中国老师的。这一点，已经由聘请外教上课的学校所证实。

胡春洞教授曾在 2001 年全国英语教学研讨会上指出："经过一些实验，世界上一些有名的语言学家，现在趋向于外语教学，包括第二语言的教学，不能只注重交际法，而忽视认知法。"他甚至认为："我们未来的教学法是不是应该提一个认知交际法？"联系这次我们参加澳大利亚培训的亲身体会，不禁对胡春洞教授的这番话产生了认同感。不少人一听到语法翻译法便片面地认为它是过时的东西，只适合教语法、教阅读，有的人甚至认为它没有一点合理的东西。撇开任何外语教学法都有其合理的一面不谈，胡春洞教授把与语法翻译法同属于理性主义方法范畴的认知法提到这样的高度，以及国际上对交际法的反思，不值得我们深思吗？

三、评价要有利于学生的发展

语言知识也包括语音语调。在澳大利亚，我们接触了日本、韩国、泰国等国家和台湾、香港地区的留学生，相比之下，我们老师的英语语音语调，大体上是清晰而正确的，我们的学生的英语语音语调也因而是很好的，至少在我们江浙一带的吴语区是这样。这使我想起了国内常见的一些语音考试题：（1）要学生判别出 great 与 bread 中"ea"的读音区别；（2）判断 look 和 school 中的"oo"读音是/u/还是/u:/；（3）说出某个单词（如 Canada）的重音在哪个音节；（4）判别 the orange, the map 中两个 the 读音的异同。这些考题出得何等的厉害！但是，说实在的，在真实的听说交际中，谁也不会因为把 great 读成/gret/、bread 读成/breid/，把 look 读成/lu:k/、school 读成/skul/，而影响交流；而把 the 读成/ði:/，还是/ðə/，更不是对与错的性质，不会产生意思上的误导。在与老外的多次交往中，我发现他们很多人/ði:/和/ðə/不分，用得很随便。

在真实交际中，人们不是孤立地听每个音，而是要从词群、句子、语流以及联系上下文才能听清、听懂。所谓的听清，是以理解为先决条件的。首先，听话人的态度是宽容的，对发音不会过分计较。其次，人们也不可能把每个音发得很准，"No two persons speak alike"（没有两个人说话是一个样的）。最后一点，也是最重要的一点，人们在说话时，单个的音或多或少会受语流、感情等影响而发生变化，因此不可能绝对的准。新的英语课程标准明确提出不应把单纯的辨音题作为考试内容，是有其道理的。

我们并不反对要求学生把音读得很准。但是，在课堂教学中，对学生读音的"准"应该达到怎样的度；或者像上面的这类语音考题，应如何体现外语教学的目标，而不是单纯地为辨音而辨音，就值得研究了。诚然，我们的教材中有关于 e 的两种读音的归类/ei/（great）和/e/（bread），但是其目的，对起步阶段的学生而言，主要在于帮助学生掌握某些拼写规则，进而巧记单词，而不是死记硬背单词或孤立地背记音标。至于音的辨别，虽然有助于读准音，但是，读准音的最终途径是靠读与说，而不是对字母（组合）或音标的认记。在英语国家中，这种方法被称为 phonics（一种训练学生把语音和字母组合联系起来认记单词的方法）。然而上面说到的这样的一类考题，背离了 phonics 的本意，蜕化成了考证式的、学究式的知识题，其根源是应试！无怪乎对付这类考题，学生们发明了"脚看好书"（指 foot，look，good，book 这四个词。在某个阶段，学生只学了这几个词，它们的"oo"读/u/，而其余的词中的"oo"读/u:/)这个"应试高招"。至于单词的重音，从知识内容的安排来看，课本［人教版初中英语第一册（下）］上，也只是出于语音知识体系的完整性，只用了很小的篇幅做一介绍而已。从实际情况来看，学生们把单词重音都读得很准，而要判别重音的位置，却是一件难事。教学不应该是文本主义的，课本上的东西，不加分析照搬到试卷上，有时会误导学生的学习。有的教师把区别单词的重音这类题目列入试卷，而且占了较大的百分比，这与教材的认知目标和运用目标完全不相符。命题中出现这种考题，说明老师不自觉地在 teach about English，而不是 teach English，其根源是对教材没有把握好，对新的英语课程标准缺乏理解。它只会驱使学生死记硬背，而无助于学生的学习。学生正确的读音

（包括重音的位置），应该渗透在平时单词、句子、课文的朗读以及听说活动中，而且要让学生自己去体会、区别和发现，并通过经常的练习达到正确、熟练、优美。学生在读得流畅以后，在需要强调时，自然会把 the 读成 /ði:/，因为 /i:/ 时可以读得很重、可以延长，而 /ð/ 则是读不响、不能延长的。我国有位资深的英语专家说过，在我国，很多能够用英语与外国人进行交流的人，其英语的发音以及表达方式多半是 defective（有缺陷的），但却是 effective（有效的）……也许随着我国外语教学水平的提高，将来会有所改变，不过，至少到现在为止这个结论是正确的。这句话，目的只在鼓励学英语的人大胆开口，而不要怕犯错误、怕自己的英语是 defective。结合在澳大利亚的实际感受，我们可以准确地推想出，我们学生（至少在吴语区）英语的发音不会造成交际上的困难，倒是考试和教学中对某些发音以及其他一些问题的过分斤斤计较给学生心理造成一定影响，使他们在面对真实的交际活动时不敢开口。这样的考题，这样的教学思路，肯定不利于培养运用英语知识的人。新的课程观强调课程是由教师、学生、教材、环境四个因素的整合。但是这种考题，把这四个因素完全地割裂开了。课程不仅仅是知识的载体，学科教学不是让学生成为装满课程知识的容器，而是成为善于运用课程知识的人才。上面说到的那种"应试高招"和语音的考题，也使人看到，课程改革正在逐步深入的今天，考试命题工作如何为素质教育服务，以及如何确保命题的科学性和合理性，确实应该成为每一位教育工作者认真思考、研究的课题。

四、学好英语的阵地还是在课堂

人们常有一个认识上的误区，认为只要到了目的语国家，外语就能自然学好。这种观点的依据是，语言（包括外语）是习得的，即只要在语言环境里，人就能自然而然地学会语言；而且它把外语学习、第二语言学习与母语学习等同起来。这对小孩来说是对的，但是，成人就未必如此。语言习得理论已经受到国际、国内一些专家们的否定；他们还认为，成人学习外语或第二语言的过程不同于母语学习的过程。由于篇幅与主题的限制，这里不再展开介绍这个观点。但是，亲身体会（尽管只有短短的 30 来天）却告诉我们，后一种观点是正确的。在悉尼，我们接触英语的机会 90% 是在课堂里学习。在课余，最多的机会是在超市，但是，也仅仅限于那么少的几句话。说实在的，路上人们行色匆匆，公交车里乘客都很安静，你不可能拖着人家问长问短。从老外比较独立的生活方式可以推知，日常生活中，那些在澳洲的移民，并不会像有些人想象的那样，会比我们增加多少接触英语的机会。我接触了为数不少的外来移民，他们中有的已经在悉尼生活了数十年，但是他们的英语听说表达能力仍然很差，他们的发音，尤其是母语语音体系与英语语音体系差别较大的人，更是"乡音未改鬓毛衰"。从与来澳洲的成人移民的接触中，我们也了解到他们要突破语言关，就得到语言学校学习。这些也是对语言习得理论的否定。因此，对国内的中国人来说，英语教学其主课堂还是在教室里。即使将来有机会出国，在国内先把英语学好，仍然是合乎逻辑的。

五、外语教学中不要忽视文化背景

TAFE 英语培训中心所用的教材（没有完整的一本书，都是零星的讲义）是依文化为纲的，语言知识（主要是语法）则根据语言材料的需要而确定。教材内容主要是有关澳大利亚的城市、气候、土著民、节日、礼俗、历史、地理、动物、植物、风景点，以及澳大利亚人的日常生活和工作等。尽管它们不能涵盖文化的全部内容，如深层次的经典文化，但是它们在语言学习中的渗透，对今后要在澳大利亚生活、学习、工作的学生来说，很有针对性、实用性。由于是在澳大利亚接触它的文化，对信息的准确性与变化就比较容易把握。比如，在国内时，我们从人教版 JEFC 初中教材里知道，澳大利亚中部的那块独石山 Ayers Rock，但是，这是它以往的名字，现在澳洲人都叫它 Uluru（我与 TAFE 的几位老师谈起这座山时，用了这一词，她们开始时都没想起来）——澳洲土著民对这座山的叫法。据我所知，国内市面上出售的大小英汉、汉英词典（包括原版的），都没列入此词——大概是这些词典都把英美国家出版的词典作为参考依据的缘故吧。

外语教学中的文化教学，不但对第二语言的学习者至关重要，对外语学习者也同样如此。20 世纪 80 年代以来，我们已经摆脱了片面强调工具性、把语言仅仅看成是交际中传递信息的工具，承认了语言还有人文性。跨文化交际学家 David Brown 说过："文化是占据特定地理区域的人们共同所有的信念、习惯、生活模式和行为的集合。"对目的语文化的不了解，便会造成交际的困难。在悉尼的 30 来天生活中，语言交流上的困难，很多来自对其文化的陌生。比如说，买月票时，对方问你"Blue Ten?"；问汽车线路时，对方指着公交车说"It's Forest bus"（forest：森林），都会使你茫然不知所措。又因为是听，没看到字，连对方说的什么词都不明白，即使听懂了也不明白。但是当我们知道了有一种用 10 次的蓝色卡 Blue Ten、悉尼市有一个名为 Forest 的私人公共汽车公司时，不但词听得明明白白，而且意思也了解得明明白白。新的英语课程标准，提出了"文化意识"，并把它列为综合语言运用能力的一个组成部分。文化意识包括了文化知识、文化理解、跨文化交际等方面。接触和了解英语国家的文化，有益于对英语的理解和使用，有益于加深对本国文化的理解和认识，有益于培养世界意识。这就对外语教师提出了新的要求。……

无论是邱华国对中美教育的观察，潘望洁对教育规则的讨论，还是丁晓伦老师对当前解决"哑巴英语"的做法的质疑与批判，都显示出他们对教育活动的独立思考与深度批判。从丁老师的文章里可以看出，丁老师旁征博引，有理有据，论证严谨，有着对英语教学本质的深刻认识。如果没有系统的理论学习和自觉的实践反思，是不可能有这样的深刻认识的。

好教师是平凡而幸福的

幸福是圣洁，是日高日远的觉悟，是不断地拷问与扬弃，是一种"durch Leiden，Freunde（通过苦恼的欢欣）"，而不是简单的信仰。①

——何兆武

一个教师如果不落后于现代教育的进程，他就会感到自己是克服人类物质和恶习的大机构中的一个活跃和积极的成员，是过去历史上所有高尚而伟大的人物跟新一代之间的中介人，是那些争取真理和幸福的人的神圣依循的保存者。他感到自己是过去和未来之间一个活的环节。②

——乌申斯基

我们经常引用夸美纽斯的话来定位教师职业的伟大。夸美纽斯说，教师是太阳底下最光辉的职业。就教师这个职业的重要性和贡献来说，教师自然是伟大、光辉的。而只有身处教师职业中的教师个人，才能够真正体会到这种伟大和光辉；也只有教师，才能于一点一滴的细微处体会到其他人体会不到的酸甜苦辣。

每个教师在职业开始之前、在职期间乃至离职后，都有对教师职业的想

---

① 何兆武. 上学记［M］. 文靖，执笔. 2 版. 北京：生活·读书·新知三联书店，2008：224.
② 凯洛夫. 教育学［M］. 北京：人民教育出版社，1957：693.

象和理解。一个真正把自己看作教师的教师，总会自觉不自觉地思考教师的形象，对有关教师的事情敏感，就像人们听到别人喊自己的名字时那样。

苏霍姆林斯基曾说：儿童对优秀教师的信任的确是无限的。当儿童跨进学校大门，成了你的学生之后，他就会无限地信任你，你的每一句话对他来说就是神圣的真理；你的行为在他看来就是智慧的化身和道德的典范。儿童对教师的信任，犹如玫瑰花上的一滴洁净的露珠。请不要把这一滴露珠抖落，要珍惜信任。这也就是说，要珍惜儿童对人不加防备的心。这种教育智慧，应该贯穿于我们全部工作之中，哪里的教师不懂得儿童的内心世界，竭力把儿童不加防备的心变为关闭小鸟的樊笼，并把自己认为有益的和必要的东西强加给儿童，哪里就会开始出现教师缺乏修养和愚昧无知的现象。

《滨湖教育》2004 年第 12 期发表了一篇文章，题目叫作"什么样的老师才是真正的好老师？"，反映了学生、家长、学校领导、教师对好老师的期望。

学生如是说——

"亦师亦友"的老师是好老师

在我的字典里，"亦师亦友"的老师是好老师，因为他永远不会让"老师"和"学生"成为矛盾体。我希望他是我们的朋友，他会关心每一个细节，无论是繁重的学习方面，还是匆忙的生活之中，他都可以化戾气为祥和。他应该多一份承认，少一份否定；多一份理解，少一份不屑。我们有自己的理想和追求，但当理想与现实碰壁的时候雄心壮志便不再了。老师则可以托起明天的太阳，同样也可以重燃起我们昏暗的心田；我们毕竟还是孩子，也有自己的蒙昧与无知，这时老师就应扮演敲钟人的角色。我们在努力增加知识容量的同时还须在生存状态等方面加以提高和磨炼，所以有时候，能放开手的老师会让我们走得更好。

（江苏省太湖高级中学　杨艳）

好老师要会和学生相处

什么样的教师才是一个好教师呢？算来我做学生已有十多年，时间也不短了，接受过很多老师的教诲，心中不免会有一个自己喜欢的教师的形象。我认为，一个教师就应当把握好一个"处"字。这个"处"字是教师与学生之间的相处。要想真正协调好这个"处"，的确是件难事。在学生看来，老师总是高高在上的，难免令学生心生畏惧。反过来看，如果一个老师和学生相处和和睦睦，亦师亦友，亦母亦父，如兄长一般关心，如朋友一般勉励，那么他就是一个好教师。荀子曰："青，取之于蓝，而青于蓝。"我想这样的学生一定会出自一位好教师之教导。

（江苏省无锡立信中等专业学校　熊艳娟）

家长如是说——

朽木也会雕的教师是好教师

在应试教育的背景下，升学率、班级平均成绩、毕业班能考取几位北大和清华或重点高中等指标往往是评定学校老师良莠的不可忽略的标准。然而，要客观地评价和反映一位老师的好与坏不能简单地注重这些结果而忽略教育过程。一位优秀的老师面对他的学生，就好像一位优秀的雕刻家面对那些形态各异尚待雕刻的美玉一样，决不可能把他们千篇一律地打磨成一个形状，而是要顺应其原有的纹理，潜心构思，精雕细琢，扬其长、避其短，用一把钥匙开一把锁的缜密的科学方法，来培养每一个学生，了解每个学生细微的特点，因势利导、循循善诱地把每个学生都培养成有用之才。这才是一位优秀的教育工作者必须具备的内在素质和施教魅力。所以说，好老师要"朽木也会雕"！

（无锡市新安中学学生家长　诤言）

教师应"顺木之天，以致其性"

《种树郭橐驼传》里有这样一句话："橐驼非能使木寿且孳也，能顺木之天，以致其性焉尔。"什么意思呢？就是说郭橐驼种树并不能使树木活得久、繁殖得茂盛，只是能顺着树木生长的规律，让其按照自己的本性生长罢了。我们常常将育人比作种树，郭橐驼种树的经验对众多教书育人的老师应该有所启发：每个孩子都有自己特有的生长环境，因而每个孩子就形成了有别于他人的独特的性格和气质。教育者如果对此视而不见，总是使用一套或数套所谓成功的教育理论和模式实践于自己的学生，这样的教育谈得上成功吗？因此，站在家长的角度来说，我理想中孩子的老师应该是这样的：博学却不拘泥于书本中的教条，而是善于为我所用；对学生的特性具有敏锐的洞察力，并能够有针对性地制定教学策略，做到因材施教。符合这样条件的教师寥寥，但是它可以作为每个为师者向往的目标。

（无锡市新安中心小学学生家长　邢芳）

194

好老师要具有好母亲的品质

我眼中的好老师要具有好母亲的品质：有耐心，对孩子的事情能够仔细观察。因为，作为成年人，很难体会到孩子的需要，很多在成年人眼里不值一提的事情，在小孩心里却往往是大事情。如果老师对这些"小事"没有感觉，就很难做到关心到点子上。我孩子的班主任是个年轻教师，虽然年轻，还没有做母亲的经验，但她说话温声细语，对孩子很有耐心，表情很亲切，让孩子愿意接近。我觉得她是一个善于倾听孩子事情的人，是一个有着我所说的"母亲品质的人"。我想，这就是好老师。

（无锡市蠡湖中心小学学生家长　赖梅凤）

教师如是说——

做一个真实的好教师

我想做一个真实的好教师：下雨天放学的时候，如果班上某个没带伞的学生路途比我远或者体格比我差，我会考虑把雨具让给他。面对学生时刻出现的各种各样的问题，我尽量诲人不倦、循循善诱、动之以情、晓之以理，但必要的时候，保持动冠一怒、拍案而起的权利。教学任务很紧的时候，小病小痛我可以忍着，但尽量不让学生感觉到；当自我感觉身体难以支撑的时候，谁说我也不会坚持出现在讲台上，免得在教室晕倒会让学生感觉生活怎会如此残酷。上班时间，我可以全身心地扑在工作上，不动杂念，不干私活；但业余生活，我更想把学校和学生忘掉，享受属于自己的精彩。我会积极响应推行素质教育的号召，同时，扎扎实实搞好"应试教育"的研究，并且期待早日看到两者和谐统一、协调发展。

（无锡市蠡园中学　高峰）

好教师要有一颗公平心

我认为一个受欢迎的教师，必须能公平地对待每一个学生，无论他们聪明与否、贫富如何、长相美丑、是男生还是女生、是干部子女还是平民孩子、是本地学生还是外来学生，只要坐在你的课堂里，他们就是你的学生，你都要同样地关爱他们——无论是在课上还是课下、校内还是校外，在评优选干时坚持以德才兼备为标准，对好学生不偏心，对后进生不歧视，把你的微笑送给每一个学生。教师的博爱，是宽容，是教育公正的体现。有了公平心，你就会受到所有孩子和家长的欢迎。

（无锡市东绛实验学校　杜海珍）

好教师要善于从学生中吸取动力

什么样的教师是好教师？可以罗列千百条。归根结底一句话——受学生爱戴。没有一个学生不评议老师，没有一个教师不被学生评议，哪怕再过若干年也是如此。而学生的评价不加包装，没有水分，因而具有历史的属性。学生是教师工作的对象，学生又反作用于教师。因此，教师若能关注学生的不满、抵触乃至蔑视，深刻反省后对症下药，就可能走向成熟，完善自我；若能从学生的信赖、敬重中体味付出的慰藉、劳累的愉快、收获的满足，便是享受工作、享受教育、享受生活，并不断灌注动力，为此循环往复，而每一循环，都将提到更高一级的层次，达到更新的境界。溺水者，愈沉愈深；登山者，越登越高。灿烂的笑容，无需太多的指点。

（无锡市华庄职业高中　陆振德）

好教师是严父和慈母的统一体

美国作家巴德·舒尔伯格的书中有这样的一番话：小时候，自己写了一首诗，母亲认为"精彩极了"，而父亲却认为"糟糕透了"。正是在母亲"爱"的作用和父亲"警告"的作用平衡下，他的人生才获得了一个个辉煌的成功。从他的身上，我们看到：成功的教育应平衡"爱"和"警告"的作用。所以一个好老师应扮演好"慈母"和"严父"两种角色，要处理好"爱"与"警告"这两种作用的平衡，做到既不会因为单用爱而造成学生的"表扬依赖症"，又不会因为只用"警告"而导致学生出现"个性压抑症"。

（无锡市雪浪中心小学　许健玉）

一个好教师要有一双智慧的眼睛

班里孩子能力差异很大，性格脾气不一，有的好动，有的好静，有的调皮淘气，有的乖巧伶俐，有的能说会道，有的聪明能干。作为一名幼儿教师的我认为，每一个孩子都很棒，他们都有一座属于自己的天堂，有着美好的心灵。人之初，性本善，只有不善于发现孩子闪光点的教师，没有教不好的孩子。有些孩子爱恶作剧、捉弄人，我让他有事做——当值日生，发碗筷、擦桌子，然后受表扬；有些孩子蛮不讲理，没大没小、不懂规矩，我让他当小组长，管好别人可先要管住自己。总之，一个好教师要有一双慧眼，有了这双眼睛，就不会被表象所迷惑，就会发现孩子美好的内心。

（无锡市大浮幼儿园　顾旭菡）

学校领导如是说——

思想是人师不竭的魅力

有人说：思想是行动的帆，思想是生命的舵。一名好教师的思想就是一片无垠的蓝天，就是一份对教育理想执着的追求，就是那与时代精神永远相通的不懈思考。它能指导我们不断地开拓自己的事业，努力地寻求科学的教育教学方法，使自己在教学活动中不断地完善，进而形成独特的教育教学风格，成为学生心中不可磨灭的"明师"。所以说，每一名教师都要做思考者、思想者，不要把自己陷入琐碎、忙碌的工作中，要腾出时间学习，腾出时间反思、总结。缺乏创新，没有思想的教师是不可能成为好教师的。但思想、主见不是天上掉下来的，需要在长期实践基础上的艰苦卓绝的思考。这样的思考能提高思维水平，能推动工作不断跃上新台阶。让我们做个有思想、会思考的好教师吧，因为作为人师，有思想才有光彩，有思想才有魅力，有思想才有价值。

（无锡市荣巷中心小学校长　谢廷峰）

"内心有爱"是好教师永恒的标准

我以为，好教师的标准很多，默默耕耘、治学严谨、严于律己等，其中绝不可缺"爱"，"内心有爱"是好教师永恒的标准。"内心有爱"是指教师有热爱事业之心、热爱学生之心、热爱生活之心，这是一名好教师的思想基础，一名好教师工作动力的源泉。因为内心有爱，她才会勤奋工作，不怕麻烦，不怕辛苦，心甘情愿地付出；因为内心有爱，她才会对学生施以慈母般的关怀，对犯错的孩子宽容对待；因为内心有爱，她才会乐于思考，学而不辍，积极进取……爱的力量是无穷的，它让教师的工作热情倍增，让教师在"苦"中找"乐"。所以，"内心有爱"是好教师的灵魂，是教师修养的最高境界。

（无锡市马山中心小学书记　钮革华）

"钻石"牌——我心目中的好教师

钻石和木炭都是由碳原子构成的，但碳原子不同的排列顺序造成了钻石和木炭的天壤之别。刚踏上工作岗位的新教师们，充满着同样的青春活力，拥有大同小异的知识基础和教学技能。若干年后，他们有的成了"木炭"牌，有的成了"钻石"牌。那么"钻石"牌教师是怎样形成的？且看看他们的身影：他们常常手握书卷，在别人"灯红酒绿"时潜心研读；他们常常与志趣相投的人欢聚，在别人麻雀大战时悉心探讨；他们常常直面自己，在别人沾沾自喜、互相吹捧时无情自我剖析；他们常常灵感迸发，在别人日日重复中尝试"新招"。他们不满现状，追求卓越，因而他们吸收着营养，转化为能量；他们在追求完美的反思、创新实践中渐变。忽然有一天，在人们不经意间，他们成了"钻石"牌。于是，有人大呼"他们的运气真好！"，殊不知，钻石和木炭早就有着决定他们命运的差别。

（无锡市峰影小学副校长　刘钟盈）

用心营造教育生态环境的是好教师

作为一名好教师，他的最高追求莫过于能将学生身上的潜能最大限度地诱发出来，使我们的学生成为他该成为的那个人。如果把每一个孩子当作独立的自成一体的有生命力的生态环境，那么教育也应讲究"生态平衡"，也需"生态保护"。正因如此，我们新安中心小学以崇尚和构建"绿色教育"作为学校办学特色，力求体现和谐、自然、人本、民主的现代教育观，让我们的学生在师生共同创造的丰富、和谐、明朗、博大的教育情境中成长，既秉有良好的教养，又保有生命的灵动与自由的天性，具备扎实的知识和思考、解决问题的能力。"教学生一年，想学生十年"，这才是教育的"绿意"。如果我们的教师能以"无为在行，有为在心"的态度对待孩子的成长，就像冰心说的"让孩子像野花一样自然生长"，那么，这些用心营造教育生态环境的绿色师资，不正是我们所说的好教师吗？

（无锡市新安中心小学副校长　庄蓉琴）

我们问滨湖区的老师们："作为一名教师，您觉得什么时候最幸福？"大多数的老师都会说，教到好孩子的时候。教几个好孩子的幸福是作为教师的朴素的幸福，也是教师最直接能够感受的幸福，更是教师确认自己价值最直接的方式。没有学生，就无所谓教师的存在；没有学生学得好，就不能确证教师教得好。教师的价值正是通过学生以及学生的成长来体现的。正像一个优秀的演奏者通过演奏优美动听的乐曲来确立自己的地位一样，教师也是通过优秀的学生来确认自己的地位和价值。

当然，教师的工作和其他大多数工作一样，对于从业者来说，总有它枯燥、烦闷、重复的一面。教师的工作内容及方式日复一日，鲜有新异刺激、新奇挑战，如此的重复和沉闷，几乎成为教师职业倦怠的一大缘由。对于某些教师来说，寻求教学中的奇迹成了他们确认自己工作价值的重要途径。有研究者对 1995 年至 2005 年十年间发表在公开出版的教育类期刊上教师自述的教育教学故事进行了分析，发现教师们最钟爱的教育叙事主题是"我的皮格马利翁体验"。① 研究者发现，在这类故事中，通常包含了这样一个主要特点：教师因对有缺点的学生采取了某些教育行为，从而很快在学生身上发现了正向的转变，教师也从中获得了积极的体验。在这样的故事中，教师的期望、行为、教育结果与教育体验之间的联结过于简单。② 教师们如此乐于叙述这样的教学故事，原因有许多，但其中不能忽视的一条，就是教师想要通过这样的故事来确认自己工作的价值，也从这样的故事中摆脱教师工作的重复和烦闷。正如罗素所说："烦闷在本质上是渴望发生事故，所渴望的不一定是愉快的事情，只要是一些事情，能使烦闷的人都觉得这一天和别的一天有些不同就行。……所以忍受烦闷的能耐，对于幸福生活是必要的，是应该教给青年人的许多事情之一。"③ 罗素认为："一切伟大的著作含有乏味的部分，一切伟大的生活含有烦闷的努力。"④ 有成就的教师，就是于这样日常的烦闷中做出了努力。

在育红小学署名为 guangguang 老师的博客里，有一篇文章名为"教育家 VS 教书匠"。这篇文章用质朴的语言道出了琐细无奇、平凡伟大的教师工作。

---

① ② 张滢. 我的皮格马利翁体验：30 个教师自述的教育教学故事叙事模式分析［D］. 北京：北京师范大学，2007.

③ 罗素. 幸福之路［M］. 傅雷，译. 西安：陕西师范大学出版社，2003：51.

④ 罗素. 幸福之路［M］. 傅雷，译. 西安：陕西师范大学出版社，2003：56.

教育家 VS 教书匠①

在我看来——

教书匠，就是把教师这个职业当成是自己一辈子的事业，勤勤恳恳，默默无闻，不求名不求利，一干就是几十年。

教书匠，就是有一股子傻气，憨劲，永远只把学生的成长和成才放在心上，而所谓的荣誉、称号从不去争抢。

教书匠，就是上好每一堂课，批改好每一本作业，讲解清楚每一道习题。

教书匠，就是熟能生巧，再不听话的孩子放到他手里，假以时日，都能够成为一个正直善良的好孩子；再乱的班级交到他手里，假以时日，都能够变成一个凝聚力强悍的班集体；成绩再差的孩子，交给他之后，假以时日，都能够取得进步，并自信开朗。

教书匠，就是被人称为"臭老九"的时候依旧坚守教师岗位，不离不弃；实行绩效工资改革之后，依旧兢兢业业，像老黄牛一样埋头苦干。

这样的教书匠，我愿意做，而且愿意做一辈子。

guangguang 老师的这篇博客没有"奇迹"，只有日复一日、年复一年的平凡和琐碎。事实上，这样的平凡和琐碎正是教师工作的日常状态，而甘于这种状态还能够由衷发现它的价值的教师，才是一个真正的教师。教师自身的价值正是在这样平凡和琐碎的工作中体现的，教师的发展也主要是在这样的日常教育实践中实现。

对于教师职业和教师角色的认识，教师自己是最有发言权的。滨湖中学数学老师吴本才的博客里，有这样一篇日志，叫作"在教师节之际看赞美教师的诗歌"。

---

① 冯曙光. 教育家 VS 教书匠［EB/OL］.（2012-05-15）［2012-09-30］. http：//www.bhjsyxw.cn/tresearch/blog/showArticle.jsp？CID=00047&ArticleCode=1342160306.

在教师节之际看赞美教师的诗歌①

在节日到来之际

我看到许多诗歌

赞美教师的诗歌

看多了

……

特别地，有一句已憋了多年的话

怎么可以把我们叫作园丁？

人的思想

那些草们、花们懂吗？

我们会经常看见

那些园丁们的大剪

把小树丛齐刷刷地

修理成一个平面

那些散乱的嫩头

都躺在地上

所以，到现在我还不相信

自己是园丁

有时我在想

这些如潮的赞美者

是否可以问问

用这些比喻去赞美教师

教师心里是否很感动

是否真的快乐

……

就教师工作的重要性而言，任何赞美都不过分，但是，任何一种比喻性赞美都不能道尽教师工作的复杂和艰辛，也不足以涵括教师工作的丰富

---

① 吴本才.在教师节之际看赞美教师的诗歌［EB/OL］.（2007-09-18）［2012-09-30］.http://www.bhjsyxw.cn/tresearch/a/402915985cid00047.

意义，而唯有每日与学生打交道才能真正体会。

水秀幼儿园园长李燕有一篇工作日志谈到了她心目中的理想教师的形象。

我心中的理想教师（节选）①

1988年刚刚进入教师队伍，我就问自己应该做一名怎样的教师？多年来从教的经历，让我有了我心目中理想教师的形象：自信自强、善于合作、尊重他人、充满爱心、追求卓越。

这二十个字概括起来很容易，可是要真正做到，恐怕一辈子教师生涯也未必足够。

自信自强：自信使人自强，适当的"骄傲"使人成功。只有自信，才能使人得到"高峰体验"。……我……很欣赏我们幼儿园中那些追求成功，相信自己能成功的教师，他们身上总有一种必胜的信念，他们用心去撞击每一个可能成功的暗点，从而擦出了成功的火花。……

善于合作：竞争基础上的合作，合作基础上的竞争，是现代社会的显著特征。合作是多方面的……更多的是竞争，但是，只有双赢才是真正意义上的竞争，在竞争中获得永远的朋友。

尊重他人：理想的教师应该是一个非常尊重他的同事，非常尊重他的领导，非常善于调动帮助他成长的各方面因素的教师。尊重他人最好的办法是换位思考。……

充满爱心：爱教育，是教育力量的源泉……爱孩子，鼓励孩子不断去探索，爱孩子的你也会获得快乐。

追求卓越：……一个优秀的教师，应该有不断超越自我的精神……

李燕园长对教师角色有着积极的想象。这种积极的想象，我们在 guang-guang 老师、吴本才老师那里也都有同样的体会。这种关于教师的积极想象，是教师个人全身心融入教育活动的理性状态，是教师个人对自身职业角色不断的再思考、再追问。这样的思考和追问成为教师自觉成长和发展

---

① 李燕. 我心中的理想教师［EB/OL］.（2008-01-17）［2012-10-03］. http：//www. bhjsyxw. cn/tresearch/a/2020178540cid00047.

的内在动机，也是教师内心自由的表现，更是优质教育活动的最根本的基础。

太湖高级中学校长王惠东在一篇文章中，从金字塔的建造谈到了教师的自由。

学校管理在于增进人的自由度（节选）[①]

1560 年，一位叫布克的瑞士钟表制作大师在游览埃及金字塔时，做出惊人的预言：金字塔的建造者不是奴隶，而是一批快乐的自由人。2003 年埃及最高文物委员会通过考古发掘考证，金字塔是由当时具有自由身份的农民和手工业者建成，而非希罗多德在《历史》中所记载的，由 30 万奴隶所建造。

为什么一位钟表匠一眼就能看出金字塔的奥秘呢？据记载，布克曾被捕入狱，在那失去自由的地方，他发现无论采取什么手段都不能制作出日误差低于十分之一秒的钟表。起初，布克把它归因于工作环境的改变；后来，他出狱回到日内瓦，才发现真正影响钟表制作精确度的不是环境，而是制表时的心境。在愤懑和不满中，一个钟表匠要圆满完成 1200 道工序是不可能的；在对抗和憎恨中，要将金字塔建造得如此宏伟与精致，各个环节衔接得如此天衣无缝，更是无法想象的。

我由此联想到教育：如果教师在工作中缺乏快乐和幸福，缺失爱心和责任，窒息了创造力和进取心，内心充满了职业倦怠和焦虑……他们将如何来建成教育这座宏大而又精密的"金字塔"？教师，应该是一批充满虔诚之心，且又"仰望星空"的"自由"人。

内心自由、甘于平凡又能于平凡中追求幸福的教师，才能主动地进行日常教育实践，自觉地进行改革实验，主动地进行理论学习，自觉地提升自己、提升自己所从事的教育活动，也正是在这样的活动中，教师才能真正体会到从事教育活动的幸福，确证自己存在的价值。正如马卡连柯所说："假如你的工作、学问和成绩都非常出色，那你尽管放心，学生定会站在你

---

① 王惠东.学校管理在于增进人的自由度：对学校管理制度创新的几点思考［J］.辽宁教育：资讯·管理版，2012（2）：38.

一边——相反的，不论你是多么亲切，你的话说得多么可爱，但是，假如处处都可以看出你不通业务，那么，除蔑视之外，你永远不配得到什么。这种蔑视，有时是宽大的，含有讽刺的；有时是粗暴的，含有无比憎恨的；有时是执拗的，含有侮辱的。"① 一个幸福的教师，必是得到学生尊重的人。要得到学生的尊重，就必须在工作、学问和成绩方面非常出色，而这样的出色，离不开教师主动的教育实践、自觉的教育实验和系统的理论学习。

---

① 华中师范学院教育系，等. 教育学 ［M］. 北京：人民教育出版社，1982：321-322.

致谢

好教师:
从哪里来?

这本书前前后后经历了两年的时间。其间几赴无锡，与滨湖区教育局、教育研究发展中心以及中小学的领导、教师座谈、收集资料，时任滨湖区教育局局长钱江、时任滨湖区教育局办公室主任徐仲武等都给予了极大的帮助，若干位老师接受了我们的访谈，还有不少老师为我们提供了资料，在此表示由衷的感谢！需要说明的是，书中提及的多位老师的职务、工作单位或有变化，为尊重原貌，本书仍以其原职务、工作单位进行描述，不再一一说明。

在写作的过程中，北师大教育学部的研究生刘弋贝、李晓蕾、王礼君等也参与了资料整理的工作，在此一并表示感谢！

编辑谭文明，不仅随我们赴无锡调研、不断提出好的建议，还不时督促我们的写作进程，惭愧之余，表示感谢！

郭　华

出 版 人　所广一

项目统筹　欧阳国焰　谭文明

责任编辑　郑　莉

版式设计　郝晓红

责任校对　贾静芳

责任印制　叶小峰

图书在版编目（CIP）数据

好教师：从哪里来？/郭华著 . —北京：教育科
学出版社，2015.1（2018.9 重印）
　（好教育探索丛书/王本陆，钱江主编）
　ISBN 978-7-5041-9305-6

　Ⅰ. ①好… 　Ⅱ. ①郭… 　Ⅲ. ①师资培养—研究—无锡
市 　Ⅳ. ①G451.2

中国版本图书馆 CIP 数据核字（2015）第 009997 号

好教育探索丛书
好教师：从哪里来？
HAO JIAOSHI：CONG NALI LAI？

出版发行	**教育科学出版社**		
社　　址	北京·朝阳区安慧北里安园甲 9 号	市场部电话	010-64989009
邮　　编	100101	编辑部电话	010-64981357
传　　真	010-64891796	网　　址	http：//www.esph.com.cn
经　　销	各地新华书店		
制　　作	北京金奥都图文制作中心		
印　　刷	北京玺诚印务有限公司		
开　　本	169 毫米×239 毫米　16 开	版　　次	2015 年 1 月第 1 版
印　　张	13.5	印　　次	2018 年 9 月第 3 次印刷
字　　数	200 千	定　　价	35.00 元

如有印装质量问题，请到所购图书销售部门联系调换。